LA FEMME KABYLE

UNE REINE SANS TRÔNE

rôles et évolutions

Édition : BoD · Books on Demand, 31 avenue Saint-Rémy, 57600 Forbach, bod@bod.fr
Impression : Libri Plureos GmbH, Friedensallee 273, 22763 Hamburg (Allemagne)

ISBN : 978-2-3226-3538-2

Dépôt légal : Mai 2025

Table des matières

Biographie

L'ouvrage "FEMME KABYLE, REINE SANS TRÔNE" est né d'une profonde connaissance de la société kabyle, acquise par une expérience exhaustive, au fil de quarante-sept années d'observation et enrichie par une longue carrière d'enseignant de français. Ce livre capture l'essence de la vie sociale kabyle, un écho des paysages pittoresques de Boudjellil, ce village de la wilaya de Bejaia avec ses collines douces, ses forêts luxuriantes, sa rivière serpentant à travers une vallée fertile, et surtout, le rôle central de ses habitants dans mon histoire.

Mon parcours professionnel dans l'enseignement a débuté en 1974, dans mon village de Boudjellil, situé dans la wilaya de Bejaia en Algérie, où j'ai exercé en tant qu'enseignant contractuel. Auparavant, j'ai effectué ma scolarité primaire à l'école de Boudjellil, sous la direction de SALGUES Jean Claude. Une étape marquante fut mon admission en 5ème au Collège d'Ighil Ali, sous la tutelle des Pères Blancs, période durant laquelle une véritable passion pour l'enseignement et la transmission des connaissances a germé en moi. Cette vocation s'est concrétisée en 1976 avec ma titularisation, obtenue à la suite d'une formation spécialisée réussie dans une école d'instituteurs. Cette expérience a non seulement conso- lidé, mais aussi enrichi mon intérêt pour les dynamiques de l'apprentissage. Fort de ces bases solides, j'ai ensuite progressé vers des fonctions de direction. Par ailleurs, j'ai été détaché de mes fonctions d'enseignant pour exercer en tant que maire de la commune de Boudjellil entre 1984 et 1989.

C'est à Bejaïa, en Algérie, qu'en 1990, j'ai suivi une for- mation pointue pour me préparer au rôle de directeur. Cette expérience a affûté mon expertise dans l'accom- pagnement des équipes pédagogiques, la facilitation de relations positives entre enseignants et parents, et l'or- chestration efficace de tous les acteurs contribuant au processus éducatif.

En 2002, j'ai entamé une nouvelle page comme profes- seur de lettre moderne en France. J'ai pu mettre en va- leur avec succès mon expérience pédagogique auprès d'un nouvelle auditoire présentant des troubles d'ap- prentissage. Cela a été tout aussi enrichissant pour moi- même avec l'acquisition de nouvelles compétences et techniques d'enseignement.

Avant-Propos

La Kabylie, terre de fierté et de traditions ancestrales, a vu s'épanouir une culture riche et complexe, où le rôle de la femme, bien que souvent discret aux yeux extérieurs, n'en demeure pas moins fondamental. L'objectif de cet ouvrage est de découvrir l'essence de l'héritage féminin kabyle, d'en examiner les nuances et les tensions, en particulier concernant le sujet potentiellement délicat de la succession par rapport à une femme.

L'héritage d'une femme kabyle se révèle être une réalité à géométrie variable, façonnée par une multitude de facteurs sociaux, économiques et familiaux. J'étudierai pourquoi ces différences existent, en regardant les traditions, les habitudes et parfois les contraintes qui jouent sur la façon dont les biens et les positions sont transmis.

Mais au-delà des inégalités, cet héritage recèle également des aspects positifs, des forces silencieuses qui nourrissent l'identité et la résilience des femmes kabyles. Je mettrai en lumière ces atouts, je montrerai ces avantages, qu'il s'agisse de transmettre des savoirs, des valeurs ou de l'entraide entre femmes dans la communauté.

Mon exploration se poursuivra à travers la vie quotidienne. La tenue vestimentaire, plus qu'un simple ornement, est un marqueur identitaire fort, porteur d'histoire et de significations. Le mariage, institution centrale, et le divorce, réalité parfois douloureuse, seront examinés dans leurs implications spécifiques pour les femmes kabyles, dévoilant les enjeux sociaux et personnels qui en découlent.

En guise d'ouverture et de perspectives, j'aborderai en annexe des thèmes essentiels au bien-être individuel et conjugal. L'empathie, le dialogue constructif au sein du couple, l'apprentissage de la gestion de la vie commune, la question des "mensonges anodins" et les conseils pour accompagner des enfants présentant des troubles du comportement viendront enrichir ma réflexion, soulignant l'importance de construire des relations harmonieuses et épanouissantes.

Ce livre est une invitation à la découverte d'un héritage complexe et vivant, à une meilleure compréhension de la place et des défis rencontrés par les femmes kabyles d'hier et d'aujourd'hui.

Il se veut un espace de réflexion nuancé, respectueux des traditions tout en ouvrant des pistes de dialogue pour un avenir où l'équité et l'épanouissement de chacun soient une réalité.

Mes interactions enrichissantes avec l'association Lueur d'Espoir de Boudjellil wilaya de Béjaïa, en Algérie ainsi qu'avec l'association pour l'insertion scolaire et professionnelle des trisomiques de Tazmalt, ont considérablement approfondi mon expertise dans le domaine social. "Ma plus grande satisfaction réside dans la possibilité de vous offrir un sentiment de légèreté, une immense fierté m'anime lorsque je me perçois comme un catalyseur de votre transformation profonde et durable vers un bien-être authentique. Quelle immense satisfaction de participer activement à l'harmonie de notre environnement social, un équilibre précieux pour le bien-être de tous.

Ce qui met les femmes dans une position moins favorable. Cette opposition est fréquente dans les sociétés avec des règles différentes.

Il est important de considérer que les sociétés évoluent. Les pratiques successorales kabyles ne sont peut-être plus aussi rigides qu'auparavant, et des changements peuvent être en cours sous l'influence de la modernité, de l'éducation, et d'une prise de conscience accrue des droits des femmes.

Que votre intérêt soit une simple curiosité ou une nécessité profonde, ce livre vous invite à explorer votre propre mode de fonctionnement, à identifier vos potentiels facteurs de risque, et à sélectionner ensuite les approches qui résonnent le mieux avec vos besoins spécifiques.

PARTIE 1

Spécificités culturelles et sociales Kabyles

Chapitre 1

Système d'héritage pour une femme en Kabylie

Préambule

L'histoire de la Kabylie porte en elle le témoignage vibrant du sacrifice des femmes kabyles, qui, face à la menace d'invasion ottomane, ont consenti à une mesure temporaire concernant leur héritage.

Cette décision, née d'une nécessité de sauvegarde territoriale et identitaire, visait à contrer la stratégie matrimoniale des Ottomans, qui cherchaient à s'approprier les terres kabyles par le biais d'alliances.

Les chefs tribaux, conscients du péril grandissant pour la Kabylie, prirent alors la décision difficile de suspendre temporairement le droit d'héritage des femmes.

Bien que cette mesure ait pu se justifier historiquement par la nécessité de l'unité et de la protection du territoire, son maintien actuel dans certaines régions pose une question fondamentale d'équité.

La femme kabyle, qui a incarné un symbole puissant de résistance et de dévouement pour la survie de son identité culturelle, mérite aujourd'hui de voir ses droits pleinement restaurés. Conserver une pratique d'héritage flexible, sans considérer le contexte historique qui l'a initialement justifiée, semble injuste compte tenu de son engagement passé. Il est impératif de cesser cette injustice honteuse, dégradante et humiliante envers la femme kabyle.

La décision de temporairement renoncer à leur droit d'héritage ne fut pas une imposition subie passivement, mais bien un **acte de consentement éclairé et un sacrifice conscient** de la part des femmes kabyles. Elles ont choisi de placer les impératifs de la survie de leur terre et de leur identité au-dessus de leurs intérêts personnels immédiats.

Ce fut une mesure **exceptionnelle**, **honorable**, dictée par une menace existentielle, et non une remise en cause structurelle et permanente de leur place dans la société kabyle.

Face à la stratégie des Ottomans, qui cherchaient à s'implanter durablement en Kabylie en utilisant les alliances par mariage comme un vecteur d'acquisition de terres, les chefs des différentes tribus kabyles (*AARCH en kabyle*) ont fait preuve d'une lucidité et d'une unité remarquables. Ils ont perçu le danger d'une érosion progressive de leur territoire et de leur autonomie. Leur réaction collective a été de prendre une mesure radicale, mais jugée nécessaire pour contrecarrer cette manœuvre : suspendre temporairement le droit d'héritage des femmes.

Cette décision stratégique visait à empêcher que des terres kabyles ne passent, par le biais de mariages, sous le contrôle ottoman, préservant ainsi l'intégrité territoriale de la Kabylie en cette période critique.

Si la décision de restreindre temporairement l'héritage des femmes kabyles était motivée par un impératif de survie face à une menace historique bien définie, le maintien de cette pratique dans certaines régions aujourd'hui crée une dissonance troublante.

Le sacrifice consenti par ces femmes, symbole de leur engagement envers la pérennité de la Kabylie, se voit paradoxalement perpétué à travers une limitation de leurs droits dans un contexte où la menace ottomane a disparu depuis longtemps.

Cette contradiction entre un passé marqué par l'abnégation et un présent où cette abnégation continue de se traduire par une inégalité successorale soulève une question de justice et de cohérence. N'est-il pas temps de réévaluer une mesure d'exception prise dans des circonstances exceptionnelles, alors que ces circonstances n'existent plus ?

Aujourd'hui, honorer la mémoire de ces femmes kabyles qui ont sacrifié une part de leurs droits pour la sauvegarde de leur identité passe inéluctablement par une pleine et entière restauration de leurs droits successoraux.

Mettre fin à un héritage à géométrie variable n'est pas seulement une question d'équité, c'est un acte de **justice** envers celles qui ont tant donné.

C'est une manière tangible de **reconnaître** leur contribution inestimable à la pérennité de la Kabylie et de leur rendre l'hommage qu'elles méritent.

En leur restituant leurs droits, on ne fait que reconnaître la valeur de leur sacrifice passé et affirmer l'égalité comme un principe fondamental de la société kabyle contemporaine. C'est un pas essentiel pour que le symbole de leur abnégation ne se transforme pas en une source d'injustice persistante.

I- Une héroïne sans héritage ?

Exclure de l'héritage une femme qui est un symbole même de résistance et de sacrifice pour la survie de la

Kabylie est un paradoxe douloureux **et une profonde injustice**.

Ces femmes ont consenti à une mesure temporaire dans un contexte d'urgence pour préserver l'identité et le territoire kabyles face à une menace extérieure. Maintenir cette exclusion aujourd'hui, alors que cette menace a disparu, revient à **nier la valeur de leur sacrifice et à perpétuer une inégalité** qui n'a plus de justification historique.

Cela envoie un message contradictoire et affaiblit le symbole même de leur résistance. Au lieu d'être honorées et reconnues dans leur pleine dignité, elles se voient maintenues dans une situation d'infériorité successorale.

La question se pose alors avec d'autant plus de force : pourquoi perpétuer une mesure d'exception, née d'une nécessité historique spécifique, au point d'en faire une norme qui contredit les valeurs d'équité ; n'est-ce pas une règle qui va à l'encontre de l'égalité et de la reconnaissance de ce que les femmes ont fait pour la Kabylie ?

En d'autres termes, exclure ces femmes de l'héritage aujourd'hui est non seulement injuste, mais cela **vide de son sens le sacrifice qu'elles ont consenti**. C'est un oubli flagrant de leur rôle historique crucial.

23

II- Les multiples fardeaux pesant sur l'esprit des femmes kabyles

En Kabylie, le terme de "**charge mentale**" met en évidence une inégalité où les femmes portent une part excessive du travail d'organisation et de gestion émotionnelle de la maison, des enfants et de leur éducation. Cette situation affecte particulièrement les femmes en Kabylie, révélant une inégalité dans la distribution des responsabilités.

Comme dans d'autres sociétés, les femmes kabyles sont souvent confrontées à une "**charge mentale**" significative, un déséquilibre où elles assument la prédominance du poids de la planification, de l'organisation et de l'anticipation des besoins du foyer et de leur carrière professionnelle.

III- Conception traditionnelle de l'héritage

Je constate sur le terrain, que traditionnellement, le droit coutumier kabyle continue de privilégier la lignée masculine.

L'héritage des terres et des biens importants était principalement transmis aux hommes, considérés comme les garants de la continuité du nom de famille et de la préservation du patrimoine familial.

Héritage mobilier et dot :

Traditionnellement, les femmes kabyles recevaient des biens mobiliers en héritage (bijoux, effets personnels) ainsi que le trousseau **Ladjhaz** lors de leur mariage, qui pouvait être perçu soit comme une avance sur leur part d'héritage future, soit comme une forme de compensation. Cependant, la dot était souvent sous le contrôle du mari.

Tableau 1 - Comparatif des régimes des droits d'héritage

Comparaison des Droits d'Héritage en Droit Islamique et en Coutume Traditionnelle Kabyle		
Catégorie d'héritier	Part Générale Selon le code de la famille	Part en Coutume Traditionnelle Kabyle (Terre et Biens)
Fille	• Moitié (si unique) • Deux tiers (si plusieurs) • Part résiduelle (en présence de fils)	Limitée ou inexistante pour la terre, variable pour les biens meubles
Épouse	• Quart (sans enfant ou frère et sœur) • Huitième (avec enfant)	Généralement pas d'héritage de la terre.
Mère	• Sixième (avec enfant ou frère/sœur) • Tiers (sans enfant)	Généralement pas d'héritage de la terre.
Sœur	Variable selon le type et les autres héritiers	Généralement pas d'héritage de la terre.

Chapitre 2
L'évolution
des mentalités

I- Évolution des mentalités

L'urbanisation, l'éducation des femmes, leur participation croissante au marché du travail et l'évolution des structures familiales contribuent à une remise en question des normes traditionnelles en matière d'héritage et à une plus grande revendication de l'égalité des droits successoraux.

II- Pratiques par rapport à l'héritage

Aujourd'hui, je constate que les pratiques successorales en Kabylie sont diverses.

Des familles continuent de privilégier les traditions coutumières, tandis que d'autres appliquent les dispositions selon le code de la famille Algérien.

On observe également des arrangements informels ou des donations du vivant pour assurer une certaine équité entre les héritiers, y compris les femmes.

Les obstacles à la transmission et à la préservation de l'héritage pour une femme kabyle peuvent être nombreux, en raison des dynamiques culturelles, sociales et économiques. Voici une analyse enrichie des défis majeurs.

III-Transmission des traditions

Je constate à travers les villages Kabyles, que les femmes jouent un rôle clé dans la transmission des traditions au sein des familles et des communautés.

Leurs initiatives, telles que les projets artistiques, associatifs ou éducatifs, témoignent de leur force et de leur créativité dans la préservation de l'héritage culturel.

Pour surmonter ces défis, renforcer les espaces d'expression pour les femmes, promouvoir des politiques culturelles inclusives et encourager les nouvelles générations à s'investir dans leur patrimoine peuvent être des solutions efficaces.

Ensemble, ces efforts pourraient contribuer à maintenir l'héritage kabyle vivant et florissant.

IV- Tenues et joailleries traditionnelles

La robe kabyle, ou (*Taqendurth*), constitue l'élément central du costume traditionnel. Elle se caractérise par sa longueur, son ampleur et ses étoffes aux couleurs vives et éclatantes. Les motifs et les broderies qui l'ornent diffèrent selon les régions et les événements célébrés.

La ceinture, ou (**Tavagousth**), est fréquemment une large bande de tissu brodé, agrémentée occasionnellement de pièces d'argent ou de perles. Elle souligne la taille et confère une note raffinée à la tenue.

Les femmes kabyles portent de nombreux bijoux en argent, souvent ornés de corail et d'émaux. On trouve des fibules (**tafzimt)** pour attacher les vêtements, des bracelets (azur), des colliers (**aẓrar**), des boucles d'oreilles (**timengouchines**) et des bagues (**taxathemt**). Chaque pièce a souvent une signification symbolique.

VI- Le Fouta (Afuta) et le foulard.

Un tissu rectangulaire porté drapé autour des hanches, par-dessus la robe. Il peut être uni ou orné de motifs. Le Foulard (**thimehremet**)

Un voile qui peut être porté de différentes manières, couvrant la tête et parfois la haute partie du visage. Les couleurs et les motifs varient également, il n'est jamais d'une couleur unique.

Chapitre 3

Le mariage en Kabylie

I- Femmes kabyles et mariage

Le mariage pour une femme kabyle est une institution sociale et culturelle riche et complexe, profondément ancrée dans l'histoire et les traditions.

Pour enrichir la compréhension de ce sujet, il est essentiel d'explorer plusieurs dimensions.

II- Les étapes et les traditions

1- La Khitba (La demande en mariage):

Traditionnellement, la demande en mariage est initiée par la famille du prétendant.

Des émissaires (souvent des personnes respectées de la communauté) sont envoyés à la famille de la jeune femme pour exprimer l'intention. Cette étape est marquée par des échanges formels et respectueux.

L'aspirante au mariage, tout en considérant le point de vue de sa propre famille, réserve une acceptation de la demande en mariage si les qualités morales, sociales ou économiques du prétendant étaient en harmonie avec ses valeurs et ses attentes.

Une fois le consentement obtenu et les conditions relatives à la vie futures des époux acceptées, la question demeure : la femme se consacrera-t-elle uniquement au foyer ou aura-t-elle la possibilité d'avoir une activité professionnelle. Car, dans certaines régions de Kabylie, la réalité est que les femmes assument encore une charge considérable, allant du suivi scolaire des enfants aux tâches ménagères quotidiennes comme faire les courses et sortir les ordures, en passant par l'agriculture et même l'approvisionnement en eau potable lorsque les foyers ne sont pas raccordés au réseau public. Les femmes assument déjà une charge de travail importante dans toutes les situations. Dans ce contexte, envisager un emploi administratif supplémentaire me semble être une double peine.

2- Les Fiançailles :

Les fiançailles officialisent l'engagement entre les deux jeunes gens. Elles sont souvent célébrées par une cérémonie où les familles se rencontrent, échangent des présents et fixent la date du mariage.

La dot (*Tisseguirth*), bien que son importance et sa nature aient évolué, reste une composante traditionnelle du mariage kabyle. Elle se résume le plus souvent à une somme d'argent.

3- La Préparation du trousseau (Ldjhez) :

Les préparatifs sont une affaire communautaire, impliquant les familles, les voisins et les amis. Les femmes jouent un rôle central dans l'organisation des festivités, la préparation des repas traditionnels, la décoration et la confection de la robe de mariée.

La cérémonie du henné est une étape importante, généralement célébrée la veille du mariage.

Les mains et les pieds de la mariée sont ornés de motifs au henné, symbolisant la fertilité, la chance et la protection. C'est un moment de convivialité et de partage entre femmes.

4- La Cérémonie du Henné (Tighmi):

Rituel de purification et de bonheur : la cérémonie du henné est un moment festif et symbolique qui se déroule généralement la veille du mariage, séparément pour la mariée et le marié.

Ornementation et bénédictions : les mains et les pieds des futurs époux sont ornés de motifs au henné, censés apporter bonheur, chance et fertilité. Des chants traditionnels et des youyous accompagnent ce rituel.

5- Le Jour du Mariage (Tameghra):

La journée commence avec l'arrivée des invités, souvent accueillis avec de la musique traditionnelle (**bendir**, **ghaïta**) et des youyous stridents.

Un repas copieux et traditionnel est préparé avec soin pour les convives. Les plats varient selon les régions, mais on retrouve souvent **le couscous**.

En présence de leurs familles et témoins, l'imam officialise religieusement le mariage en rappelant les fondements de l'union, puis en récitant la Fatiha et en implorant la bénédiction d'Allah.

Le moment fort est l'arrivée de la mariée, parée de ses plus beaux habits traditionnels et de ses bijoux. Elle est souvent accompagnée de sa famille et de ses amies, dans une procession joyeuse et colorée.

La journée se poursuit avec des chants, des danses traditionnelles, des spectacles et des moments de partage entre les familles et les invités. À la fin de la journée, la mariée est conduite vers sa nouvelle demeure, souvent accompagnée de sa belle-famille. Des rites symboliques peuvent marquer son entrée dans sa nouvelle vie.

6- Les Jours Suivants le mariage :

Les jours qui suivent le mariage sont souvent l'occasion de nouvelles réunions familiales, de visites et d'échanges de vœux.

La mariée est officiellement présentée à la communauté de son époux et reçoit les félicitations et les cadeaux des proches. Ces moments permettent de renforcer les liens entre les deux familles et d'intégrer pleinement la nouvelle épouse dans son nouveau foyer.

Chaque étape du mariage kabyle est empreinte de significations culturelles profondes et témoigne de l'importance de la famille, et des traditions dans la société kabyle.

Le mariage pour une femme kabyle est un sujet dynamique, où les traditions ancestrales se mêlent aux influences modernes. Comprendre cette institution nécessite de considérer son riche passé culturel tout en tenant compte des évolutions sociales, économiques et juridiques contemporaines.

Chapitre 4

L'héritage culturel

I- Héritage culturel pour une femme kabyle

L'héritage culturel pour une femme kabyle est riche et fascinant, mêlant histoire, traditions, et résilience.

Afin de développer ces propos, voici quelques idées qui pourraient nourrir et célébrer cet héritage.

Elle apprend à transmettre les contes, poèmes, et chansons kabyles, souvent porteurs de sagesse ancestrale et de valeurs. Elle organise des ateliers pour enseigner des savoir-faire artisanaux comme le tissage, la poterie ou la broderie typique.

Elle perpétue les recettes kabyles comme le couscous ou les gâteaux traditionnels et les adapter avec des ingrédients modernes. Elle crée des moments de partage autour de la préparation des repas, pour passer les traditions culinaires aux nouvelles générations.

Elle porte et promeut les vêtements et accessoires kabyles, qui racontent une histoire à travers leurs motifs et symboles. L'oralité féminine est un vecteur essentiel pour sauvegarder les récits de vie, les combats et les succès des femmes de cette culture. Forte de son intelligence, la femme Kabyle s'engage dans des projets artistiques, tels que la peinture ou la photographie, lui permettant d'explorer et de réinterpréter les influences kabyles à travers son regard créatif. Elle sait créer des espaces d'échanges intergénérationnels où les femmes peuvent partager leurs expériences et inspirer les autres particulièrement lors des fêtes de tout genre.

Elle est douée pour organiser des événements, comme des festivals ou expositions culturelles, pour célébrer et faire connaître cet héritage.

II- héritage kabyle et droits des femmes

L'héritage pour une femme kabyle a toujours été une question complexe et profondément ancrée dans les traditions, tout en étant sujette à des évolutions contemporaines.

III- Un Système complexe et difficile

Dans le système traditionnel kabyle, l'héritage était principalement patrilinéaire et patrilocal. Cela signifiait que la transmission des biens et du statut se faisait principalement par les hommes.

IV- La Terre et la Maison (Akham)

Traditionnellement, la terre agricole et la maison familiale étaient transmises aux héritiers mâles. L'idée était de maintenir l'unité et la continuité du patrimoine familial au sein du lignage masculin.

Les biens mobiliers, tels que le bétail, les outils agricoles et certains objets de valeur, ont été le plus souvent transmis aux hommes.

V- L'Héritage Foncier limité pour les femmes

Les femmes n'héritaient généralement pas directement de la terre. Cependant, elles pouvaient bénéficier indirectement de l'héritage par le biais de leur mari ou de leurs frères. Des mécanismes traditionnels pouvaient exister pour assurer leur subsistance, comme l'usufruit ou des arrangements familiaux.

Avec la modernisation de la société, la situation de l'héritage pour les femmes kabyles est en mutation, influencée par le droit algérien qui, en principe, affirme le droit successoral des femmes.

Cependant, la réalité sur le terrain peut être plus complexe en raison du poids des traditions et des pratiques sociales.

Dans certaines pratiques kabyles, l'acceptation d'un héritage par une femme peut être interprétée comme un manquement aux normes établies, créant des conflits et des divisions au sein de la famille.

Il existe des cultures où l'héritage féminin est mal perçu car il est considéré comme une rupture avec les traditions, risquant d'isoler la femme au sein de sa communauté. Cela veut dire, de manière implicite, le refus de l'héritage d'une femme par sa famille peut engendrer des tensions profondes et son éloignement des siens.

Cette perception négative de l'héritage d'une femme peut découler de systèmes traditionnels privilégiant la transmission patrilinéaire, où son acte est vu comme une menace à la continuité du lignage masculin et à l'unité familiale.

VI- Regards de l'héritage féminin en Kabylie

L'acceptation de l'héritage par une femme peut être interprétée, dans certains milieux, comme un acte motivé par l'intérêt personnel au détriment des valeurs familiales traditionnelles. Elle peut être accusée de cupidité ou de ne pas respecter les normes de sa communauté.

Même si la loi en Algérie leur garantissait le droit à l'héritage, l'application de cette loi pourrait rencontrer des résistances culturelles et des interprétations traditionnelles au sein des familles.

VII- Des Stratégies familiales

Afin de pallier les inégalités coutumières concernant l'héritage foncier en Kabylie, certaines familles adoptent des approches spécifiques. Cependant, ces arrangements peuvent parfois se faire au détriment des femmes, comme lorsqu'une fille reçoit une compensation monétaire pour sa part d'héritage, un montant fréquemment inférieur à la valeur réelle du terrain.

L'accès accru des femmes à l'éducation et au marché du travail leur confère une plus grande indépendance économique, ce qui peut atténuer leur dépendance à l'égard de l'héritage.

Je le réitère, même si l'héritage foncier reste une question sensible, la transmission des savoir-faire traditionnels, de la langue kabyle, des valeurs culturelles et du sentiment d'identité kabyle reste un aspect essentiel de l'héritage culturel pour les femmes. Elles jouent souvent un rôle crucial dans la préservation et la transmission de cet héritage immatériel aux générations futures.

De nos jours, une remise en question de cette conception de l'héritage tend à prendre de plus en plus d'ampleur au sein de la société Kabyle, et la nécessité d'adapter les traditions aux principes d'équité. Les femmes sont de plus en plus nombreuses à revendiquer leurs droits en matière d'héritage.

Pour saisir la complexité et les défis liés à l'héritage pour une femme kabyle, il est essentiel d'examiner l'influence des traditions anciennes ainsi que les mutations qui transforment la société actuelle. Ce sujet, à la fois profond et subtil, illustre les intrications de l'évolution sociale et juridique.

Chapitre 5

Le divorce en milieu kabyle

I- Divorce et conséquences pour une femme kabyle

Le divorce pour une femme kabyle est une réalité complexe, tiraillée entre les traditions ancestrales, le droit algérien moderne et les évolutions sociales contemporaines.

Dans la société kabyle traditionnelle, le divorce était possible, bien que souvent plus facile pour l'homme que pour la femme. Les motifs et les procédures étaient régis par des coutumes et des normes sociales spécifiques.

Traditionnellement, l'homme avait plus facilement l'initiative du divorce. Il pouvait répudier sa femme par une déclaration orale. Les motifs étaient souvent liés à la stérilité, à l'incompatibilité d'humeur ou à des fautes graves perçues chez l'épouse, et parfois à l'intérêt.

Pour la femme, obtenir le divorce était plus complexe et nécessitait des motifs légitimes reconnus par la coutume, tels que la maltraitance, l'abandon du domicile conjugal ou l'incapacité du mari à subvenir aux besoins de la famille. La procédure pouvait être longue et nécessitait l'intervention de la famille et des sages du village (*tajmaât*).

L'assemblée du village (***tajmaât***) jouait un rôle important dans la résolution des conflits conjugaux et pouvait intervenir pour tenter une conciliation ou pour statuer sur la légitimité d'une demande de divorce.

Le divorce pouvait entraîner des conséquences sociales et économiques importantes pour la femme. Elle pouvait être stigmatisée et se retrouver dans une situation de vulnérabilité, dépendant du soutien de sa famille d'origine. Le Code de la famille a introduit des principes d'égalité morale entre l'homme et la femme en matière de divorce, bien que des nuances et des interprétations subsistent.

II- Catégories de divorce

1- Le divorce par consentement mutuel
Les deux époux s'accordent sur le principe du divorce et ses modalités (garde des enfants, pension alimentaire, etc.).

2- Le divorce à la demande de l'un des époux
L'un des époux demande le divorce pour des motifs légitimes reconnus par la loi. La femme peut invoquer des préjudices spécifiques.

3- Le divorce par Khulââ

La femme peut obtenir le divorce sans avoir à justifier de motifs graves, en contrepartie d'une compensation financière versée à l'époux

III- Les droits en matière de divorce

La loi algérienne garantit en principe l'égalité morale des droits entre l'homme et la femme en matière de divorce, en ce sens que la femme a le droit de demander le divorce au même titre que l'homme, sous réserve de prouver les motifs légitimes.

La garde des enfants est généralement attribuée à la mère pendant une certaine période, sous réserve de l'intérêt supérieur de l'enfant. Les critères d'attribution peuvent varier.

Le mari est tenu de verser une pension alimentaire pour l'entretien des enfants après le divorce. Le montant est fixé par le juge en fonction des ressources du mari et des besoins de la femme dans le cadre de la prise en charge des enfants.

Le divorce pour une femme kabyle est donc un sujet complexe, où les avancées juridiques côtoient les réalités sociales et les héritages culturels. Comprendre cette

50

situation nécessite une approche nuancée et une prise en compte des multiples facteurs en jeu. La famille et la communauté occupent une place centrale dans la vie d'une femme kabyle, façonnant son identité, son rôle social et son bien-être.

Chapitre 6

La famille et l'entraide

I- Importance de la famille et entraide

La famille élargie, appelée "*akham*" (le foyer), constitue l'unité sociale fondamentale de la société kabyle. Elle offre un fort sentiment d'appartenance, de sécurité et de soutien mutuel.

Les femmes, en particulier les mères, jouent un rôle essentiel dans la transmission de la langue kabyle "*Taqbaylith*", des valeurs, des coutumes et des traditions aux nouvelles générations par le biais de la tradition orale. Il est intéressant de noter que le mot "*Taqbaylith*" signifie à la fois "femme", "langue kabyle" et "valeurs kabyles".

L'honneur " *Nif* " de la famille est une valeur primordiale, et les femmes sont considérées comme les gardiennes de cette réputation. Leur comportement et leurs actions rejaillissent sur l'ensemble du groupe familial.

Les membres de la famille se soutiennent mutuellement dans les moments de joies comme de difficultés. L'entraide est une pratique courante, notamment dans les travaux agricoles et les événements sociaux.

Traditionnellement, les femmes sont responsables des tâches domestiques, de l'éducation des enfants et du maintien de l'harmonie familiale. Bien que ces rôles évoluent avec la modernisation, la famille reste le principal lieu d'épanouissement et de reconnaissance pour de nombreuses femmes kabyles.

La communauté villageoise "*taddarth*" ou "*thamourth*" est en quelque sorte une extension de la famille. Les liens de parenté, réels ou symboliques, sont forts et créent un réseau de solidarité.

La communauté et l'espace, où se déroulent les festivités, les cérémonies et les rassemblements qui rythment la vie sociale et culturelle kabyle.

Les femmes participent activement à ces événements, renforçant les liens sociaux et l'identité collective.

En cas de besoin, la communauté offre un soutien moral et matériel important à ses membres. Les mécanismes traditionnels d'entraide, comme la "*touiza*" (entraide collective pour les travaux agricoles ou la construction), témoignent de cette solidarité communautaire.

La communauté, à travers ses normes et ses traditions, joue un rôle dans la régulation sociale et le maintien de l'ordre. Les femmes, en tant que membres actifs de la communauté, contribuent au respect de ces règles.

L'appartenance à une communauté kabyle spécifique est une composante essentielle de l'identité des femmes. Elles partagent une histoire, une langue, des coutumes et des valeurs communes qui les distinguent des autres groupes.

Pour la femme kabyle, la famille et la communauté sont des piliers fondamentaux de son existence. Elles lui offrent un cadre de vie stable, un réseau de soutien essentiel et un sentiment d'appartenance profond à une culture riche et singulière. Bien que la société kabyle connaisse des évolutions, ces liens sociaux et culturels demeurent essentiels pour l'identité et le bien-être des femmes.

II- La vie moderne et la double journée de travail

La vie moderne a profondément transformé la société kabyle, et les femmes se retrouvent souvent à naviguer dans un quotidien complexe où les traditions se heurtent aux nouvelles réalités économiques et sociales. La notion de la "double journée de travail" est particulièrement pertinente pour comprendre les défis auxquels elles sont confrontées.

III- Un fardeau accru avec la modernité

Traditionnellement, la femme kabyle jouait un rôle central au sein du foyer, responsable des tâches domestiques, de l'éducation des enfants et souvent impliquée dans certaines activités artisanales ou agricoles pour subvenir aux besoins de la famille.

La communauté villageoise offrait un réseau de soutien où les tâches pouvaient être partagées entre les femmes de la famille élargie.

IV- Professions artisanales : un trésor du savoir-faire

L'artisanat féminin en Kabylie est bien plus qu'une simple activité économique ; c'est une expression profonde de leur créativité, de leur histoire et de leurs traditions.

Ces professions, souvent transmises de mère en fille, sont de véritables gardiennes d'un patrimoine culturel précieux.

1- Le tissage (AZTA)

C'est sans doute l'artisanat le plus emblématique. Les femmes kabyles sont des tisserandes exceptionnelles, créant des tapis aux motifs géométriques complexes et aux couleurs vibrantes. Chaque motif raconte une histoire, porte des symboles ancestraux et reflète l'identité de la tribu ou de la région. Ces tapis ne sont pas seulement des objets utilitaires, mais de véritables œuvres d'art chargées de sens.

2- La poterie

Façonnée à la main avec une terre locale spécifique, la poterie kabyle se distingue par ses formes uniques et ses décorations peintes à l'aide de pigments naturels. Les femmes modèlent des jarres, des plats, des cruches et d'autres objets utilitaires et décoratifs, perpétuant des techniques ancestrales. Chaque pièce est unique et témoigne d'un savoir-faire précis.

3- La vannerie (Aseqqa)

Le travail de l'osier, du roseau et d'autres fibres naturelles est également une compétence traditionnelle des femmes.

Elles confectionnent des paniers, des plateaux, des couffins et divers objets pratiques, alliant fonctionnalité et esthétisme.

Bien que la fabrication des bijoux en argent soit souvent l'apanage des hommes, les femmes jouent un rôle crucial dans la conception des motifs, le choix des couleurs des émaux et la transmission du goût esthétique. Elles sont également les principales consommatrices et gardiennes de ces parures identitaires.

4- La broderie (R'qem)

Présente sur les robes traditionnelles, les nappes et d'autres textiles, la broderie kabyle se distingue par sa délicatesse et l'abondance de ses motifs, s'inspirant souvent de la nature et de formes géométriques.

Ces professions artisanales ne sont pas figées dans le passé. Les femmes kabyles font preuve d'une grande capacité d'adaptation, intégrant parfois des éléments modernes tout en préservant l'essence de leur art. Elles cherchent également à valoriser leur travail à travers des coopératives et des initiatives locales, contribuant ainsi à l'économie familiale et à la reconnaissance de leur savoir-faire.

5- La Cueillette des Olives (Azemour)

La cueillette des olives est une activité agricole essentielle en Kabylie, et les femmes y jouent un rôle prépondérant.

C'est souvent une affaire familiale et communautaire, un moment de partage et de solidarité.

Les femmes de tout âge participent activement à la récolte. Elles grimpent aux arbres, secouent les branches, ramassent les olives tombées au sol et trient les fruits. Leur agilité et leur endurance sont mises à contribution.

Les techniques de cueillette, de tri et de conservation des olives sont transmises de génération en génération, souvent par les femmes les plus expérimentées.

Elles enseignent les gestes précis pour ne pas endommager les arbres et pour sélectionner les meilleures olives.

La cueillette des olives est aussi un moment de convivialité. Les familles et les voisins se retrouvent dans les oliveraies, partagent des repas et des chants traditionnels. C'est un temps de renforcement des liens sociaux et de célébration de la nature et de ses fruits.

Les olives constitue une source de revenus importante pour de nombreuses familles kabyles. Les olives sont transformées en huile de qualité, un produit phare de la région, ou conservées pour la consommation familiale ou la vente.

Les femmes jouent un rôle clé dans ce processus économique, depuis la cueillette jusqu'à la transformation et parfois même la commercialisation.

Les professions artisanales et la cueillette des olives sont deux facettes complémentaires de la vie des femmes kabyles. Elles témoignent de leur lien profond avec leur terre, de leur ingéniosité et de leur rôle essentiel au sein de la famille et de la communauté.

L'artisanat utilise souvent des matières premières issues de l'environnement local (laine, argile, fibres naturelles), tout comme la cueillette valorise les fruits la terre.

Les savoir-faire artisanaux et les techniques agricoles sont transmis de mère en fille, assurant la pérennité des traditions et renforçant les liens familiaux.

Les motifs des tapis, les formes de la poterie et les pratiques liées à la cueillette des olives sont des marqueurs forts de l'identité kabyle.

Les femmes sont les gardiennes et les actrices de cette richesse culturelle.

L'artisanat et la vente d'huile d'olive ou d'olives contribuent à l'autonomisation économique des femmes et de leurs familles.

En étudiant plus en détail ces aspects de la vie des femmes kabyles, on souligne leur contribution indispensable à la préservation de leur culture, à la vitalité de l'économie locale et au maintien du tissu social kabyle. Leur savoir-faire artisanal et leur engagement dans des tâches traditionnellement masculines méritent une reconnaissance accrue.

Ces témoignages vivants d'une richesse humaine et culturelle qu'il est essentiel de valoriser et de soutenir. Avec la modernisation et l'ouverture de la société kabyle, de plus en plus de femmes accèdent à l'éducation et au marché du travail salarié, ce qui est un signe d'émancipation et d'autonomie.

Cependant, cette intégration ne s'est pas toujours accompagnée d'un partage équitable des responsabilités au sein du foyer.

V- La femme Kabyle au travail

Elles occupent divers emplois dans l'enseignement, la santé, l'administration, le commerce, etc., contribuant activement à l'économie familiale et à leur propre indépendance financière.

1- Articulation travail domestique et professionnel :

Elles continuent d'assumer la majorité des tâches domestiques (cuisine, ménage, lessive), l'éducation et le suivi des enfants, et souvent la prise en charge des personnes âgées de la famille.

2- Persistance des rôles de genre traditionnels :

Malgré l'évolution des mentalités, les normes sociales attribuent encore majoritairement aux femmes la responsabilité du foyer.

Les crèches, les garderies et les services d'aide à domicile sont souvent insuffisants ou inaccessibles, ce qui contraint les femmes à assumer seules la charge des enfants et des personnes dépendantes.

Les femmes peuvent ressentir une pression pour exceller à la fois dans leur carrière professionnelle et dans leur rôle traditionnel d'épouse et de mère "parfaite", ce qui engendre une fatigue physique et mentale considérable. La diminution des liens communautaires traditionnels peut entraîner un isolement accru pour les femmes actives, qui ne bénéficient plus du même niveau de soutien familial élargi qu'auparavant.

VI- Les conséquences de la double journée

Contrairement à une perception occidentale, au sein de la culture kabyle, la "double journée" des femmes, bien que source d'une potentielle fatigue physique et psychologique, n'est pas nécessairement vécue comme une plainte. De nombreuses femmes kabyles trouvent un épanouissement et une satisfaction dans leur rôle central au foyer.

L'évolution des mentalités, l'accès à l'éducation pour les nouvelles générations et le développement de structures de soutien sont essentiels pour alléger le fardeau de la double journée et permettre aux femmes kabyles de concilier pleinement vie professionnelle et vie personnelle.

VII- Combinaison travail professionnel et domestique

Il ne s'agit pas seulement d'une addition de tâches, mais d'une interaction dynamique avec

Des implications profondes.

Lorsque nous parlons de la combinaison du travail professionnel et domestique, il est crucial de dépasser la simple idée d'une "double journée". Il s'agit plutôt d'une intrication de sphères qui s'influencent mutuellement et créent une réalité spécifique pour les femmes.

Les exigences du travail professionnel (horaires fixes, responsabilités, déplacements) empiètent sur le temps et l'énergie disponibles pour les tâches domestiques et familiales. La fatigue physique et mentale s'accumule, rendant la gestion de ces deux sphères particulièrement ardues.

Les femmes se retrouvent souvent tiraillées entre les attentes liées à leur carrière (efficacité, disponibilité, ambition) et celles liées à leur rôle domestique et maternel (soin, attention, présence). Ce conflit interne peut générer un stress important et un sentiment de culpabilité de ne pas être "à la hauteur" dans l'une ou l'autre des sphères.

Jongler avec les horaires de travail, les obligations familiales (rendez-vous médicaux, activités scolaires, etc.), les courses, la préparation des repas et les imprévus demande une organisation sans faille et une capacité constante à s'adapter. Cette charge mentale, souvent invisible, est une composante essentielle de la double charge.

La difficulté à concilier les responsabilités domestiques peut freiner l'évolution de carrière des femmes. Elles peuvent être amenées à choisir des emplois moins exigeants en termes d'horaires ou à renoncer à des opportunités d'avancement pour préserver un équilibre (Souvent fragile) avec leur vie familiale.

Le manque de temps pour soi, pour les loisirs, le repos et les activités sociales est une conséquence directe de la double charge. Cela peut affecter la santé physique et mentale des femmes, leur épanouissement personnel et leurs relations sociales.

La double charge est un enjeu majeur d'inégalité de genre. Elle reflète une division du travail domestique et familial encore largement déséquilibrée, où les femmes assument une part disproportionnée des responsabilités non rémunérées. Analyser les normes sociales, les stéréotypes de genre et les politiques publiques (congés parentaux, services de garde, etc.) est crucial.

L'expérience de la double charge varie considérablement en fonction du statut socioéconomique. Les femmes ayant des revenus plus élevés peuvent externaliser certaines tâches domestiques (ménage, garde d'enfants), ce qui allège leur charge, tandis que celles ayant des ressources limitées doivent souvent tout assumer elles-mêmes.

Dans le contexte kabyle, comme nous l'avons vu, les traditions attribuent historiquement aux femmes un rôle central dans le foyer. Si la modernité a ouvert des portes au travail rémunéré, les attentes traditionnelles persistent souvent. La pression sociale pour être une mère responsable tout en travaillant peut être particulièrement forte. De plus, la disponibilité et l'accessibilité des services de soutien à la famille peuvent être spécifiques à la région.

Le soutien familial et la répartition des tâches pour une femme kabyle sont des réalités dynamiques, influencées par une interaction complexe de traditions et de modernité. Si le soutien familial traditionnel reste important, il évolue et doit souvent être complété par de nouvelles formes d'entraide et un partage plus équitable des responsabilités au sein du couple. L'évolution vers une plus grande égalité dans la répartition des tâches est un processus en cours, essentiel pour le bien-être des femmes et l'harmonie des familles kabyles.

VIII- Impact sur la santé mentale

Comme je l'ai exploré, la combinaison du travail rémunéré et des responsabilités domestiques pèse lourdement sur la santé mentale des femmes. La fatigue chronique, le manque de temps pour soi et le sentiment de ne jamais en faire assez sont des facteurs de risque pour l'anxiété et la dépression.

Dans le cadre de leur activité professionnelle ou de leur engagement dans la sphère publique, les femmes peuvent occasionnellement faire face à des situations délicates ou des préjugés qui, insidieusement, peuvent altérer leur assurance personnelle et impacter leur bien-être émotionnel. Ces défis, bien que parfois subtils, méritent d'être pris en considération.

Bien que des efforts soient faits pour lutter contre ce fléau, la violence domestique et d'autres formes de violence de genre peuvent avoir des conséquences dévastatrices sur la santé mentale des femmes.

Un manque de contrôle sur sa propre vie, ses choix et ses ressources peut entraîner un sentiment d'impuissance et favoriser le développement de troubles anxieux et dépressifs.

Le stress chronique, la pression sociale et le manque de soutien peuvent rendre les femmes kabyles plus vulnérables à l'anxiété généralisée, aux crises de panique et à la dépression.

La surcharge de travail et le stress peuvent perturber le sommeil et entraîner une fatigue persistante, affectant l'humeur et la capacité à faire face aux défis quotidiens.

La souffrance psychologique peut parfois se manifester par des symptômes physiques (maux de tête, douleurs abdominales, etc.), en particulier si l'expression émotionnelle est inhibée.

Les difficultés à concilier les différents rôles et les pressions externes peuvent ébranler l'estime de soi et le sentiment de compétence.

La surcharge de travail et le manque de temps peuvent entraîner un repli sur soi et une diminution des interactions sociales, ce qui peut aggraver les problèmes de santé mentale.

Il est crucial de sensibiliser les communautés kabyles à l'importance de la santé mentale et de déstigmatiser la recherche d'aide psychologique.

Lutter contre les discriminations et les inégalités de genre est essentiel pour améliorer le bien-être psychologique des femmes.

Sensibiliser les hommes à l'importance du partage des responsabilités et du soutien émotionnel au sein du couple et de la famille est fondamental.

Un sentiment d'appartenance culturelle fort peut être un facteur de résilience. Soutenir les initiatives qui valorisent la culture et la langue kabyles peut contribuer au bien-être psychologique.

IX- Manque de soutien psychologique

L'accès du soutien psychologique pour une femme kabyle est une réalité préoccupante, exacerbée par une combinaison de facteurs culturels, sociaux et systémiques.

Dans de nombreuses communautés kabyles, comme ailleurs, la maladie mentale est souvent associée à la honte, à la faiblesse ou même à la possession spirituelle (**Djins etc..**). Parler de ses difficultés psychologiques peut être perçu comme une atteinte à l'honneur de la famille **"Nif",** dissuadant les femmes de chercher de l'aide.

Face à la détresse psychologique, les pratiques ancrées dans la tradition locale, telles que les prières, les visites auprès de figures religieuses comme les cheikhs, et l'utilisation de remèdes naturels, peuvent être privilégiées avant d'envisager la consultation de spécialistes de la santé mentale. Bien que ces approches puissent apporter un soutien émotionnel, elles peuvent s'avérer insuffisantes pour traiter des troubles psychologiques plus complexes.

Le manque d'information sur la nature des troubles psychologiques, leurs causes et les traitements efficaces peut conduire à une minimisation de la souffrance et à un retard dans la recherche d'aide appropriée.

La femme kabyle est souvent considérée comme le pilier émotionnel de la famille, celle qui doit être forte et prendre soin des autres. Exprimer ses propres difficultés peut être perçu comme un manquement à ce rôle, voire comme un fardeau supplémentaire pour les proches.

La peur que leurs problèmes psychologiques soient divulgués peut dissuader les femmes de chercher de l'aide, en particulier dans les petites communautés où la vie privée est parfois moins protégée.

X- Conséquences du manque de soutien psychologique

Sans prise en charge adéquate, les troubles anxieux, dépressifs et autres peuvent s'aggraver et avoir un impact significatif sur la qualité de vie des femmes et de leurs familles.

La souffrance psychologique non traitée peut entraîner un repli sur soi et une rupture des liens sociaux. Le stress chronique et les troubles psychologiques peuvent avoir des répercussions négatives sur la santé physique.

La souffrance psychologique peut altérer la capacité des femmes à remplir leurs rôles d'épouse, de mère et de travailleuse.

Dans certains cas, le manque de soutien psychologique peut augmenter le risque de comportements autodestructeurs ou de dépendances.

Pour combler le manque de soutien psychologique pour les femmes kabyles, il est nécessaire d'adapter une approche multidimensionnelle qui s'attaque aux barrières

culturelles, sociales et systémiques. Un effort concerté de sensibilisation, de formation, de développement de services accessibles et de changement des mentalités est essentiel pour améliorer le bienêtre psychologique de ces femmes et de leurs communautés.

XI- L'anxiété et le stress s'installent

L'anxiété et le stress sont des émotions fortes qui s'emparent souvent de personnes fragiles ou qui n'arrivent pas à surmonter leurs difficultés lorsqu'une femme envahie par ces émotions, l'entourage a toujours envie de tout faire pour lui remonter le moral et l'aider à traverser cette période difficile.

Mais souvent les mots qu'on utilise aggravent ses maux. Certaines phrases ont un effet dévastateur sur n'importe quelle personne souffrante de stress ou d'anxiété. **« *Calme toi, arrête de trop penser, ça ne ça ne changera rien.* »** Il fallait plutôt dire : **« *Je suis là pour toi, je suis là pour t'écouter* »,** ne pas donner des conseils mais plutôt une oreille attentive et bienveillante. Et faire preuve de beaucoup d'empathie et de compréhension.

XII S'affranchir des jugements des autres et du sien.

Se défaire du fardeau des jugements, qu'ils émanent du regard extérieur ou des voix familières qui résonnent en nous, représente une quête intérieure intense, une véritable mue de l'âme qui, une fois accomplie, offre une liberté incommensurable, c'est se libérer des contraintes cachées qui nous empêchent de nous épanouir, une étape fondamentale pour être pleinement soi-même.

Ce cheminement, parfois sinueux et semé d'embûches, est une invitation à cultiver une bienveillance radicale envers soi-même, à honorer notre singularité sans la soumettre au filtre déformant des attentes et des critiques. Quelle joie immense de se sentir enfin léger, affranchi du besoin d'approbation, et de pouvoir déployer ses ailes en toute sérénité !

XIII- Développer une solide estime de soi

Plus notre propre valeur est ancrée en nous, moins les opinions extérieures ont de prise. Cela passe par la reconnaissance de nos qualités, l'acceptation de nos imperfections et la bienveillance envers soi-même.

Identifier et remettre en question les croyances limitantes :

Souvent, ce sont nos propres peurs du jugement qui nous rendent vulnérables. En examinant d'où viennent ces peurs et si elles sont réellement fondées, on peut commencer à les déconstruire.

Un jugement est une interprétation subjective, pas une vérité absolue. Apprendre à les identifier comme tels permet de prendre du recul et de ne pas les intérioriser systématiquement.

Lorsque l'on est aligné avec ce qui est vraiment important pour soi, le regard des autres devient moins déterminant. Nos actions sont guidées par notre propre boussole intérieure.

Être présent à ses sensations et émotions sans jugement permet de ne pas se laisser emporter par les critiques ou les attentes.

On observe plutôt que de réagir. Un environnement soutenant et acceptant renforce notre capacité à nous affranchir des jugements négatifs.

Dire non, exprimer ses besoins et se protéger des re-marques blessantes est essentiel pour préserver son es-pace intérieur. Personne ne peut prétendre à la perfec-tion.

L'erreur fait partie de l'apprentissage et de l'expérience humaine. Se montrer indulgent envers soi-même et en-vers les autres allège le poids du jugement.

Il est souvent le reflet de leurs propres peurs, insécuri-tés ou expériences. Cela ne dit rien de notre propre va-leur.

L'authenticité est une force. Plus on s'autorise à être tel que l'on est, moins on se soucie de correspondre aux attentes des autres. C'est un cheminement qui de-mande du temps, de la patience et de la persévérance.

Il y aura des moments plus faciles que d'autres, mais chaque pas vers cette liberté intérieure est une vic-toire !

XIV- Identifier le problème à partager

Le problème que je souhaiterais partager concerne la difficulté à concilier mes aspirations personnelles et les attentes de mon entourage.

J'ai l'impression qu'il y a un décalage entre ce qui me motive profondément, mes envies et mes projets, et la vision que certaines personnes de mon entourage (familial, amical parfois) ont de ce que je devrais faire ou être.

Cela se manifeste par des jugements, des conseils non sollicités qui ne correspondent pas à mes valeurs, voire une forme de pression (même involontaire) pour que je me conforme à leurs idées de la réussite, du bonheur ou de la "bonne" voie à suivre.

Ce décalage crée en moi un sentiment de tiraillement, d'incompréhension parfois, et rend difficile l'affirmation de mes propres choix sans culpabilité ou sans avoir à me justifier constamment.

J'aimerais pouvoir avancer sur mon propre chemin en me sentant soutenue et comprise, plutôt que jugé ou freinée par des attentes qui ne sont pas les miennes.

Partie 2

Développer l'harmonie

du foyer

Chapitre 7

L'empathie

I- L'empathie dans le foyer

Ah, l'empathie au sein du foyer. C'est le ciment invisible qui renforce les liens et permet une harmonie précieuse ! Pour moi, la concrétisation de l'empathie dans le foyer c'est avant tout la capacité de se mettre à la place de l'autre, de ressentir ce qu'il peut vivre, même si on ne le partage pas forcément.

C'est une écoute active et bienveillante, qui va au-delà des mots pour essayer de comprendre les émotions, les besoins et les non-dits.

II- Être attentif aux signaux émotionnels

Remarquer un visage triste, une tension dans le ton de la voix, un changement d'habitude peut être le signe que quelque chose ne va pas.

III- Pratiquer l'écoute active

Écouter sans interrompre, en posant des questions ouvertes pour encourager l'autre à s'exprimer, en reformulant pour s'assurer d'avoir bien compris.

IV- Valider les émotions de l'autre

Même si on ne comprend pas ou qu'on ne partage pas le sentiment, reconnaître sa légitimité (**"Je vois que tu es déçu"**, **"Ça a l'air difficile pour toi"**) est essentiel.

V- Exprimer sa propre vulnérabilité

Partager ses propres émotions et difficultés crée un espace de confiance et encourage l'autre à faire de même.

VI- Offrir du soutien adapté

L'empathie ne s'arrête pas à la compréhension, elle peut aussi se traduire par des gestes concrets de soutien, qu'il s'agisse d'une aide pratique, d'une présence réconfortante ou simplement d'une oreille attentive.

VII- Éviter les jugements hâtifs

Essayer de comprendre le contexte et les raisons du comportement de l'autre avant de tirer des conclusions.

VIII- Faire preuve de patience et de compréhension

Chacun vit les choses différemment, et a son propre rythme pour les traverser.

Cultiver l'empathie au sein du foyer apporte de nombreux bienfaits :

Renforce les liens affectifs : on se sent plus proche et compris.

Facilite la communication : les échanges sont plus ouverts et sincères.

Apaise les tensions : la compréhension mutuelle permet de désamorcer les conflits plus facilement.

Favorise un climat de confiance et de sécurité : chacun se sent libre d'être soi-même et d'exprimer ses émotions.

Développe l'intelligence émotionnelle de chacun : on apprend à mieux reconnaître et gérer ses propres émotions et celles des autres. Dans le contexte de votre difficulté à concilier vos aspirations et les attentes de votre entourage, l'empathie au sein de votre foyer pourrait jouer un rôle crucial. Se sentir écoutée et comprise, même si les opinions divergent, peut apporter un soutien immense et faciliter le dialogue.

IX- La double-journée de travail, c'est quoi ?

Pour une femme kabyle, la décision de s'engager dans une double journée de travail est profondément personnelle et nécessite une réflexion approfondie. Elle doit soupeser ses aspirations individuelles, la dynamique de sa situation familiale, son niveau d'énergie et le réseau de soutien dont elle bénéficie.

La signification qu'elle accorde à cette double activité, qu'il s'agisse d'épanouissement professionnel, d'indépendance financière accrue, de contribution à des projets qui lui tiennent à cœur ou de développement de nouvelles compétences, est primordiale.

Dans un contexte socio-culturel où les rôles de genre sont en constante évolution, une double activité peut représenter une **affirmation de son autonomie et de sa capacité à concilier les différentes sphères de sa vie**. Elle peut également être motivée par le désir de **valoriser des savoir-faire spécifiques** ou de **saisir des opportunités économiques ou créatives** qui se présentent dans son environnement.

Si cette double implication est un choix éclairé et source d'épanouissement sans empiéter sur son bien-être et la qualité de ses relations, elle peut s'avérer enrichissante à bien des égards. Néanmoins, une **vigilance constante quant à l'équilibre de vie** est indispensable pour éviter l'épuisement et préserver son bien-être physique et mental.

La charge mentale, pour une femme au foyer (mais pas exclusivement), ne se limite pas à penser à un autre domaine pendant qu'elle est physiquement engagée dans les tâches domestiques. Elle englobe **l'ensemble des efforts cognitifs et émotionnels nécessaires pour anticiper, organiser, planifier et superviser le bon fonctionnement du foyer et des besoins de ses membres.**

Cela signifie non seulement penser aux enfants scolarisés, leurs déplacements, leurs suivis médicaux et leur prise en charge en général, ainsi qu'aux membres de la famille élargie, mais aussi :

Programmer les repas de la semaine, vérifier les stocks, et s'assurer d'avoir tous les ingrédients nécessaires.

Coordonner les rendez-vous médicaux, les activités scolaires et extra-scolaires des enfants.

Anticiper les besoins de chacun (vêtements propres, matériel pour l'école, cadeaux pour les anniversaires, etc..).

Gérer les imprévus et trouver des solutions aux problèmes domestiques (panne, maladie, etc..).

Se souvenir des dates importantes et des obligations sociales.

Maintenir un certain niveau de bien-être émotionnel pour soi et les autres, en étant attentive aux besoins de chacun et aux éventuelles sources de tensions.

La charge mentale est donc une **activité invisible et constante** qui dépasse la simple exécution des tâches. Elle implique une **responsabilité cognitive permanente** qui peut entraîner de la fatigue, du stress et un sentiment de surcharge, même lorsque la personne n'est pas physiquement active. Elle se manifeste par le fameux **'il faut toujours que quelqu'un y pense',** et c'est souvent la femme au foyer qui endosse ce rôle de **'chef d'orchestre' invisible du foyer.**

Dans une société kabyle où les rôles de genre tendent historiquement à être différenciés, le coût psychologique de la charge du foyer est certainement susceptible de peser moins sur les hommes. Traditionnellement, les responsabilités domestiques et l'organisation du quotidien sont souvent implicitement ou explicitement attribuées aux femmes.

De ce fait, la charge mentale associée à ces domaines est rarement assumée par les hommes, qui peuvent se concentrer davantage sur la sphère publique et les activités perçues comme relevant de leur rôle. Cependant, il est crucial de nuancer cette observation.

X- L'évolution des rôles

La société kabyle, comme beaucoup d'autres, connaît une évolution des rôles de genre. De plus en plus d'hommes s'impliquent dans les tâches domestiques et l'éducation des enfants, ce qui peut potentiellement les exposer davantage à la charge mentale associée.

Gestion équitable des finances conjugales :

Si l'homme demeure le principal pourvoyeur financier de la famille, il peut supporter une charge mentale liée à la sécurité matérielle du foyer, aux dépenses importantes et à la gestion financière. Bien que différente de la charge mentale domestique, elle n'en est pas moins présente.

XI- Les situations spécifiques

Dans les rares cas où un homme se retrouve seul responsable du foyer (par exemple, en cas de maladie ou d'absence de la conjointe), il est alors pleinement exposé au coût psychologique de la charge mentale, devant anticiper, organiser et gérer tous les aspects du quotidien. Cette situation met en évidence le poids réel de cette charge.

XII- La reconnaissance et la valorisation

Même lorsque les hommes s'impliquent, la charge mentale des femmes est souvent moins visible et moins valorisée socialement, ce qui peut renforcer le déséquilibre et le sentiment d'injustice.

Si une structure sociale non égalitaire tend à protéger les hommes du coût psychologique de la charge mentale du foyer, il est important de considérer l'évolution des rôles, les différentes formes de responsabilités et les situations spécifiques qui peuvent modifier cette dynamique.

La prise de conscience et la reconnaissance de la charge mentale, quelle que soit la personne qui la porte, sont des étapes essentielles vers une répartition plus équilibrée et un mieux-être pour tous les membres du foyer.

Une des causes profondément enracinées de l'injustice persistante entre la situation de la femme et celle de l'homme au sein du foyer réside indéniablement dans une division sexuée du travail, souvent héritée de traditions et de représentations sociales tenaces.

Cette répartition attribue historiquement aux femmes un ensemble de tâches qui, au-delà de leur nécessité fondamentale au bon fonctionnement du foyer, sont **structurellement moins valorisées, moins visibles et moins reconnues socialement et économiquement.**

XIII- Manifestation de cette dévalorisation

Les tâches traditionnellement féminines sont souvent liées au soin (des enfants, des personnes âgées, des malades), à l'entretien (nettoyage, linge, cuisine) et à l'organisation du quotidien. Bien qu'essentielles, elles sont fréquemment perçues comme **naturelles, innées ou relevant de l'instinct féminin**, minimisant ainsi la compétence, l'effort et le temps qu'elles requièrent.

Contrairement aux activités professionnelles exercées dans la sphère publique, le travail domestique se déroule principalement dans l'intimité du foyer, le rendant **moins visible et donc moins susceptible d'être reconnu et valorisé** par la société au sens large.

Les tâches domestiques ne génèrent généralement pas de revenu direct, ce qui contribue à leur **dévalorisation économique** et à la dépendance financière, réelle ou perçue, des femmes.

Comme évoqué précédemment, les tâches dites féminines sont souvent associées à une **charge mentale importante** (planification, anticipation, gestion des imprévus) qui est rarement prise en compte et valorisée.

Cette division sexuée du travail contribue à **perpétuer les stéréotypes de genre**, enfermant les femmes dans des rôles et limitant leurs opportunités dans d'autres domaines.

En conséquence, cette répartition inégale des tâches, où celles dévolues aux femmes sont souvent les moins valorisantes, contribue non seulement à une **injustice dans la distribution du travail et de la charge mentale**, mais aussi à une **inégalité plus large en termes de statut social, d'autonomie et d'opportunités** pour les femmes au sein de la société.

Il est vrai que la complexité inhérente à l'organisation de notre quotidien tend inévitablement à alourdir la balance de la charge mentale.

Chaque aspect de notre vie, même apparemment mineur, requiert une certaine dose d'anticipation, de planification et de suivi, qui s'accumule et contribue à ce poids cognitif constant.

XIV–Identifier le sens du stress quotidien

1- Le poids du quotidien :

Toutes les responsabilités du quotidien augmentent forcément notre charge mentale. Cette charge est une conséquence logique de la complexité de nos vies.

Bien qu'utile, l'anticipation peut basculer dans une forme de contrôle oppressant. De même, vouloir maîtriser notre environnement est positif, tant que cela ne devient pas une obsession.

La charge mentale est une composante naturelle de l'éducation des enfants, mais elle ne compromet pas nécessairement une bonne qualité de vie, sauf si le désir de *perfectionnisme* vient l'exacerber.

La pression constante du temps nous pousse à ne nous consacrer qu'à l'essentiel, reléguant inévitablement nos propres besoins au second plan.

Derrière une performance qui semble sans faille grâce au temps masqué se cache un risque de pérennisation de la surcharge et de développement de sentiments de frustration.

Être à l'écoute des signaux de votre corps est essentiel pour anticiper les problèmes.

L'alerte principale réside dans la persistance et l'intensité inhabituelle de symptômes physiques ou psychologiques, qui peuvent indiquer un déséquilibre nécessitant attention.

2- La gestion du foyer :

Cela englobe non seulement les tâches ménagères elles-mêmes, mais aussi la planification des repas, les courses, la gestion des stocks, les réparations, l'organisation de l'espace, etc. Chaque élément nécessite d'être pensé, coordonné et exécuté, ou délégué et supervisé.

Que ce soit la coordination des emplois du temps des enfants et des adultes, les rendez-vous médicaux, les activités extra-scolaires, les événements familiaux, la gestion des besoins individuels de chacun, tout cela demande une planification et une attention constante.

Au-delà de l'exécution des tâches professionnelles, la charge mentale au travail peut inclure la gestion des priorités, les relations interpersonnelles, les délais, les imprévus, l'apprentissage continu, et même la "déconnexion" en dehors des heures de travail.

Gérer les factures, les impôts, les assurances, les démarches administratives, les budgets, l'épargne, tout cela requiert une attention méticuleuse et une planification à long terme.

Cultiver les relations amicales et familiales implique de se souvenir des occasions festives, d'organiser des rencontres, de répondre aux messages, d'être attentif aux besoins des autres, ajoutant une dimension émotionnelle et organisationnelle.

Prendre des rendez-vous médicaux, faire de l'exercice, manger sainement, veiller à son sommeil, tout cela demande une conscience et une planification active.

Les situations inattendues (maladie, panne, problème logistique) nécessitent une mobilisation rapide de ressources cognitives pour trouver des solutions et gérer le stress associé. Ainsi, la charge mentale n'est pas un fardeau unique, mais plutôt la somme de toutes ces micro-décisions, anticipations et responsabilités qui parsèment notre quotidien. Plus notre vie est complexe et comporte d'éléments à gérer, plus cette charge tend à s'alourdir, pouvant avoir un impact significatif sur notre bien-être physique et mental.

Chapitre 8

Le rôle de la femme dans la transmission des valeurs

I- Le rôle de la femme dans la transmission des valeurs

1- *Éducatrice première :*

En tant qu'éducatrice première, la mère joue traditionnellement un rôle fondamental dans la transmission des valeurs morales, sociales et religieuses au sein de la famille. Elle est la première source d'apprentissage et d'inculcation de ces principes essentiels.

2- *Gardienne des traditions :*

En tant que véritables gardiennes des traditions, les femmes jouent un rôle essentiel dans la préservation du patrimoine familial et culturel, y compris les pratiques religieuses. Elles sont les dépositaires et les transmettrices des rites, des prières, des coutumes liées aux fêtes traditionnelles et religieuses, et elles inculquent le respect des principes de la société.

3- *Les diners en famille :*

Les dîners en famille élargie représentent bien plus qu'un simple repas partagé ; ils constituent des moments précieux et potentiellement thérapeutiques pour remettre les pendules à l'heure sur les dynamiques familiales et individuelles.

Leur importance réside dans leur capacité à agir comme un antidote puissant contre l'isolement et la culpabilité, en offrant un espace de partage sincère et honnête qui contribue réellement à l'allègement de la charge psychologique et sociale que vivent particulièrement les femmes.

Ces réunions offrent l'opportunité d'aborder des sujets délicats dans un cadre potentiellement plus neutre et bienveillant que le quotidien parfois tendu du foyer restreint.

Les non-dits peuvent être exprimés, les malentendus dissipés et les perspectives partagées, permettant ainsi de réajuster les attentes et les compréhensions mutuelles. Cela peut concerner la répartition des tâches, les besoins individuels, les sources de stress ou les sentiments d'injustice.

Le quotidien, notamment pour les femmes qui assument une part importante des responsabilités domestiques et familiales, peut parfois être synonyme d'isolement social, même au sein du foyer.

Les dîners en famille élargie brisent cette solitude en offrant un contact avec un réseau de soutien plus large.

Le sentiment d'appartenance est renforcé, et la conscience de ne pas être seule face aux défis du quotidien est un puissant réconfort. On y trouve des oreilles attentives, des expériences partagées et un sentiment de communauté.

Les femmes sont souvent sujettes à une forte charge mentale et émotionnelle, alimentée par des attentes sociales et personnelles élevées. Elles peuvent se sentir coupables de ne pas en faire assez, de ne pas être à la hauteur, de prendre du temps pour elles, etc.

Les dîners en famille élargie offrent un espace où ces sentiments peuvent être exprimés et relativisés. Les témoignages des autres, le soutien émotionnel et la validation des efforts peuvent aider à déconstruire cette culpabilité et à favoriser une vision plus indulgente envers soi-même.

En somme, ces partages sincères et honnêtes au sein de la famille élargie créent un **environnement de confiance et de solidarité** où les fardeaux psychologiques et sociaux peuvent être déposés et partagés.

L'écoute active, l'empathie et le sentiment d'être compris et soutenu contribuent significativement à l'allègement de la charge mentale, renforçant ainsi le bien-être individuel et les liens familiaux.

II- Le bien être en famille

La perspective tangible d'un bien-être généralisé au sein du foyer constitue un moteur puissant, une force incitative à ce que chacun participe au bonheur du foyer. Il est fondamental de reconnaître que le bien-être de la mère est intrinsèquement (inhérent, naturellement) lié au bien-être de l'ensemble de la famille.

Lorsque la figure centrale du foyer se sent épanouie, soutenue et en bonne santé (tant physique que mentale), cela irradie et crée une atmosphère plus sereine, harmonieuse et propice à l'épanouissement de tous. Inversement, l'épuisement maternel engendre un cercle vicieux aux conséquences délétères pour l'ensemble de la dynamique familiale. Une mère épuisée est plus susceptible d'être irritable, impatiente et émotionnellement heurtée.

Dans cet état de fatigue extrême, le risque de commettre des maladresses verbales ou comportementales augmente significativement. Ces paroles ou actions involontairement blessantes peuvent alors engendrer des tensions, des conflits et un sentiment de mal-être chez les autres membres de la famille.

Par la suite, la mère elle-même est souvent la première à ressentir une profonde culpabilité face à ces réactions, alimentant un sentiment d'inadéquation et renforçant son propre épuisement. Ce cycle de fatigue, de maladresse et de culpabilisation mine non seulement le bien-être individuel de la mère, mais détériore également la qualité des relations familiales et l'équilibre émotionnel global du foyer.

Il est donc crucial de considérer le bien-être de la mère non pas comme une préoccupation individuelle, mais comme un **investissement essentiel pour la santé émotionnelle et le bonheur de toute la famille.**

Mettre en place des stratégies de soutien, de partage des responsabilités et de reconnaissance de la charge mentale contribue directement à briser ce cycle négatif et à favoriser une dynamique familiale plus positive et épanouissante pour chacun.

En ne recevant pas clairement un compliment, que ce soit par déni, une minimisation ou un rejet, on met involontairement en cause la perception et la sincérité de deux personnes : soi-même et son interlocuteur.

III- Disqualification de soi-même

En rejetant un compliment, on signale, consciemment ou inconsciemment, une difficulté à reconnaître sa propre valeur et ses propres mérites. Cela peut traduire une faible estime de soi, une intériorisation de critiques passées, une peur de paraître vaniteux ou un manque de confiance en sa propre évaluation.

On se prive ainsi de la validation externe et du renforcement positif que le compliment était censé apporter, perpétuant potentiellement un sentiment d'insécurité ou d'inadéquation. On se dit en quelque sorte : **'Ce que Lydia voit de positif en moi n'est pas réel ou 'Je ne mérite pas ces éloges'.**

Disqualification de l'interlocuteur : en ne recevant pas le compliment avec ouverture et gratitude, on remet indirectement en question la capacité de l'autre à juger, à apprécier et à être sincère.

Cela peut être perçu par l'interlocuteur comme un rejet de son opinion, voire de sa personne. Il peut se sentir maladroit d'avoir exprimé son appréciation, douter de

101

sa propre perception ('*Peut-être que je me suis trompé ?*') ou même interpréter le rejet comme un manque de confiance ou de considération de la part de celui qui reçoit le compliment. L'acte de complimenter, qui est une tentative de connexion positive et de reconnaissance, est alors dévalorisé.

Ainsi, un compliment mal reçu crée une *rupture dans l'échange positif*. Au lieu de renforcer le lien et l'estime mutuelle, il introduit un malaise et une forme de désaccord tacite.

L'interlocuteur peut être moins enclin à offrir des compliments à l'avenir, par crainte d'un nouveau rejet, et la personne qui refuse le compliment perd une occasion de renforcer son estime de soi et de se sentir valorisée.

En cultivant une réception ouverte et reconnaissante des compliments, on honore à la fois la générosité de celui qui l'offre et la valeur de celui qui le reçoit, favorisant ainsi des interactions plus positives et constructives.

Il est crucial de comprendre que la solution pour se libérer de la crainte de l'opinion négative d'autrui et du jugement sévère envers soi-même ne réside pas nécessairement dans un effort volontaire et parfois forcé de se concentrer sur des pensées positives.

Cette approche peut même s'avérer superficielle et inefficace si elle ne s'attaque pas aux racines du problème. La véritable clé réside plutôt dans le ***rééquilibrage d'un système de pensées intrinsèquement déséquilibré***, où la négativité et l'autocritique ont pris une place disproportionnée.

Accorder une importance excessive aux jugements externes, au point de les laisser dicter notre propre valeur et nos actions.

Transformer les remarques négatives en vérités absolues sur soi-même, sans les remettre en question ni considérer leur subjectivité. Se juger avec sévérité, se rabaisser et se focaliser sur ses défauts et ses erreurs.

Avoir tendance à interpréter les situations de manière pessimiste, à se souvenir davantage des échecs que des réussites, et à anticiper le pire.

Le rééquilibrage de ce système implique un travail plus profond qui consiste à identifier les pensées automatiques et les croyances limitantes qui alimentent la peur du jugement.

Analyser leur validité, rechercher des preuves contraires et considérer d'autres perspectives.

Reconnaître ses forces et ses faiblesses avec objectivité et accepter son imperfection.

Se traiter avec la même gentillesse et la même compréhension que l'on accorderait à un ami en difficulté.

Ne pas laisser son estime de soi dépendre uniquement de l'approbation externe, mais la fonder sur ses propres valeurs, ses actions et son authenticité.

En somme, il ne s'agit pas d'ignorer ou de nier les pensées négatives, mais plutôt de les *identifier, de les examiner et de les remettre en perspective* afin de retrouver un équilibre psychologique plus sain et une plus grande liberté face au regard des autres et à son propre jugement.

IV- Avoir le courage d'éteindre l'ordinateur, le portable et la télévision

Avoir le courage d'éteindre l'ordinateur, le portable et la télévision dans notre monde saturé de stimuli numériques représente un acte de résistance douce mais profonde, un pas essentiel vers la reconquête de notre temps, de notre attention et, ultimement, de notre bien-être.

Ce geste, qui peut paraître simple, demande en réalité une force intérieure considérable face à la pression constante de la connectivité et de l'information continue.

V- Les bénéfices de cette déconnexion

Éteindre les écrans libère des plages de temps considérables qui peuvent être réinvesties dans des activités plus enrichissantes : lecture, loisirs créatifs, sport, moments d'échanges avec les proches, ou simplement le plaisir de ne rien faire et de laisser vagabonder son esprit.

Le flux constant de notifications et de sollicitations visuelles des écrans fragmente notre attention et nuit à notre capacité de concentration profonde. S'en déconnecter permet de retrouver une attention plus soutenue et de s'immerger pleinement dans l'instant présent.

L'exposition continue aux informations (souvent anxiogènes), aux comparaisons sociales sur les réseaux et à la pression de la réactivité constante peut générer un stress important. La déconnexion offre un répit salutaire et favorise un état d'esprit plus calme et serein.

La lumière bleue émise par les écrans perturbe la production de mélatonine, l'hormone du sommeil. Éteindre les écrans avant de se coucher favorise un endormissement plus facile et un sommeil de meilleure qualité.

Se déconnecter du virtuel ouvre l'espace pour des interactions plus authentiques et profondes avec les personnes qui nous entourent physiquement. Cela nourrit nos relations et renforce notre sentiment d'appartenance.

Le temps passé loin des écrans permet à l'esprit de vagabonder, de faire des associations d'idées et de laisser émerger de nouvelles pensées et de nouvelles perspectives. L'ennui, souvent redouté, peut paradoxalement être une source de créativité. Le silence des écrans offre un espace pour l'introspection, l'écoute de ses propres besoins et la reconnexion avec ses sensations et ses émotions.

VI- Le défi de cette déconnexion

Dans une société où l'hyperconnexion est souvent perçue comme la norme, avoir le courage d'éteindre demande de surmonter plusieurs obstacles : la peur de manquer une information importante, l'habitude et la dépendance aux écrans, la pression sociale de la réactivité immédiate, et parfois même un sentiment de vide initial face à ce temps libéré.

En conclusion, avoir le courage d'éteindre les écrans est un **acte volontaire et conscient** qui nous permet de reprendre le contrôle sur notre vie numérique et de réinvestir notre temps et notre énergie dans ce qui nourrit réellement notre bien-être et nos relations.

VII- Écouter son corps

Notre corps, compagnon de chaque instant depuis notre premier souffle, est véritablement notre plus vieil ami, un allié fidèle qui communique avec nous à travers une symphonie subtile de sensations. Lorsque ce fidèle ami émet des avertissements, sous forme de douleurs, de fatigue, de tensions ou de malaises, il est non seulement sage, mais vital de lui accorder une écoute attentive et respectueuse.

Ignorer ces signaux, c'est négliger un ami qui cherche à nous protéger et à nous guider vers un chemin plus sain.

Imaginez un ami cher qui vous envoie des messages répétés pour vous signaler un problème. Ignorer ces messages blesserait ses sentiments. mais pourrait aussi aggraver la situation qu'il essaie de vous signaler. De la même manière, notre corps nous envoie des signaux pour nous alerter d'un déséquilibre, d'un stress excessif, d'une mauvaise habitude ou d'un besoin non satisfait. Ces signaux ne sont pas des caprices, mais des tentatives de communication essentielles à notre bien-être.

XIII- Les conséquences d'ignorer les avertissements

Un petit signal ignoré peut se transformer en un problème de santé plus sérieux et plus difficile à traiter. Une douleur lancinante peut devenir chronique, une fatigue passagère peut évoluer en épuisement, et un stress léger peut se muer en anxiété chronique.

À force de ne pas écouter, notre corps peut intensifier ses signaux, les rendant plus bruyants et plus douloureux. Dans certains cas, il peut même cesser d'émettre des signaux précoces, nous laissant face à une situation plus critique sans avoir vu venir les premiers avertissements.

Ignorer les signaux de notre corps a un impact direct sur notre énergie, notre humeur, notre capacité à profiter de la vie et à interagir avec les autres. Un corps malmené entrave notre bienêtre global.

Ne pas écouter son corps peut entraîner un sentiment de déconnexion avec soi-même et une perte de confiance dans sa propre capacité à prendre soin de soi.

IX- L'importance de l'écoute

Prendre le temps d'écouter notre corps, d'interpréter ses signaux et d'y répondre avec bienveillance est un acte d'amour envers soi-même. Cela implique d'être attentif à nos sensations, de respecter nos limites, de nous accorder du repos lorsque nous en avons besoin et de consulter un professionnel de santé en cas de signaux persistants ou inquiétants.

En cultivant cette écoute active, nous renforçons notre lien avec notre corps, nous favorisons notre bien-être et nous nous donnons les moyens de vivre une vie plus saine et plus équilibrée. Notre corps est un allié précieux qui mérite toute notre attention et notre respect.

Entreprendre un changement de comportement dans le but d'améliorer son bien-être ne doit en aucun cas être perçu comme une tentative de se métamorphoser en une personne fondamentalement différente de ce que l'on est. Au contraire, il s'agit d'un processus de *déblayage et de libération* des couches superficielles, des habitudes néfastes ou des mécanismes de défense qui nous empêchent de nous connecter pleinement à notre être authentique. Le véritable objectif n'est pas de devenir quelqu'un d'autre, mais bien de *découvrir et de profiter pleinement de la personne que l'on est vraiment*, dans toute sa singularité et sa richesse.

X- Changement comportemental

Identifier les comportements qui ne nous servent plus, qui nous causent de la souffrance ou qui entravent notre épanouissement. Cette introspection demande du courage et une volonté de se regarder en face, avec ses forces et ses faiblesses.

Comprendre ce qui est réellement important pour nous, ce qui guide nos actions et ce qui nous apporte un sentiment de sens et d'alignement. Ces valeurs sont le socle de notre identité véritable.

Ajuster nos comportements pour qu'ils soient davantage en accord avec nos valeurs et nos aspirations profondes. Il ne s'agit pas de se forcer à adopter des traits de caractère qui ne nous sont pas naturels, mais plutôt de permettre à notre nature authentique de s'exprimer plus librement.

Le changement est une exploration continue de soi. En abandonnant les comportements limitants, on ouvre l'espace à de nouvelles facettes de notre personnalité, à des talents insoupçonnés et à des manières d'être plus authentiques. Le but ultime n'est pas la perfection, mais une acceptation bienveillante de soi-même, avec ses qualités et ses imperfections. Modifier nos comportements vise à réduire la contradiction entre notre identité profonde et la manière dont nous agissons.et la manière dont on se manifeste dans le monde.

En définitive, le changement pour le bien-être est un *voyage de retour vers soi*. Il s'agit de retirer les masques, de se défaire des rôles qui ne nous conviennent plus et de laisser émerger la personne authentique qui n'attend que d'être pleinement vécue et appréciée.

XI- Une communication réussie

Bien communiquer au sein d'un couple est bien plus qu'un simple échange de mots ; c'est l'art de la *transmission claire et réciproque de pensées, de sentiments, de besoins et d'attentes*.

Reconnaître l'absence de télépathie dans une relation est fondamental, car cela souligne la nécessité d'un effort conscient et continu pour se comprendre mutuellement. Partant du principe que l'autre ne peut pas deviner nos états d'âme ou nos désirs, la communication devient le **pont indispensable** pour connecter deux individualités.

XII Les fondements d'une bonne communication dans le couple

Formuler ses pensées et ses sentiments de manière explicite, sans ambigüité ni sous-entendus. Cela demande du courage et de la détermination, elle permet d'éviter les interprétations erronées et les frustrations.

Ne pas seulement entendre les mots de l'autre, mais chercher à comprendre son point de vue, ses émotions et les non-dits. L'empathie permet de se mettre à la place de son partenaire et de valider ses sentiments, même si on ne les partage pas.

Exprimer clairement ce dont on a besoin et ce que l'on attend de la relation, de manière constructive et respectueuse. Cela évite les frustrations liées à des attentes non satisfaites et permet de construire ensemble une vision partagée.

Apprendre à communiquer même dans les moments de désaccord, en privilégiant l'écoute, le respect et la recherche de solutions plutôt que le blâme ou l'attaque personnelle.

Être attentif aux signaux non verbaux (expressions faciales, ton de la voix, langage corporel) qui peuvent compléter ou contredire les mots, et s'assurer de la cohérence entre les deux.

Prendre le temps de se parler régulièrement, au-delà des aspects logistiques du quotidien, pour partager ses joies, ses peines, ses rêves et ses préoccupations. Ces moments de connexion émotionnelle nourrissent l'intimité.

En l'absence de cette communication riche et ouverte, le couple s'expose à des malentendus, à des frustrations accumulées, à un sentiment d'isolement et à une érosion progressive du lien.

La croyance en une forme de télépathie est un piège qui empêche d'investir l'énergie nécessaire dans une communication véritable.

Dans l'intimité d'un couple, la parole est l'outil privilégié pour la transmission des pensées et des sentiments. Cultiver une communication bienveillante, honnête et active est un investissement essentiel pour la solidité, l'épanouissement et la longévité de la relation.

Chapitre 9

Favoriser le dialogue dans le couple

Comment demander quelque chose à son conjoint ?

I- Être direct et clair, mais avec douceur

En résumé, pour demander quelque chose à son conjoint efficacement, privilégiez la clarté, la politesse, l'expression de vos besoins, la considération pour l'autre et la reconnaissance de ses efforts.

Évitez les accusations, les ordres, les sous-entendus et les manipulations émotionnelles. Une communication ouverte et respectueuse est la clé d'une relation harmonieuse.

II- Tenir compte de l'autre

Dans la communication :

Lorsque votre conjoint (e) vous parle, l'écouter attentivement sans l'interrompre, en essayant de comprendre son point de vue et ses émotions, même si vous ne le partagez pas forcément.

Par exemple, après une journée difficile au travail, au lieu de vaquer immédiatement à vos occupations, vous vous asseyez et l'écoutez raconter sa journée, en posant des questions pour montrer votre intérêt.

III- Exprimer ses besoins clairement

Au lieu de bouder ou de faire des reproches implicites, exprimer clairement ce dont vous avez besoin en utilisant le "*je*". Par exemple, au lieu de dire "*Tu ne m'aides jamais à la maison*", dire "*Je me sens parfois dépassé (e) par les tâches ménagères et j'aimerais qu'on trouve une meilleure répartition*".

1- Tenir compte des émotions de l'autre :

Être sensible à l'état émotionnel de votre conjoint (e). Si vous le voyez triste ou stressé (e), lui demander ce qui ne va pas et lui offrir votre soutien, même si vous ne savez pas comment l'aider concrètement.

2- Respect de l'intimité :

Comprendre que chacun a besoin de moments pour soi. Ne pas envahir constamment l'espace de l'autre et respecter ses moments de solitude ou ses activités personnelles.

3- Tenir compte des envies de l'autre :

Alterner les activités et les sorties en tenant compte des goûts et des désirs de chacun. Par exemple, si l'un aime aller à la forêt et l'autre au parc, prévoir des sorties variées qui plaisent aux deux. Ces exemples montrent que tenir compte de l'autre se manifeste par une multitude de petites actions et d'attitudes au quotidien. C'est un investissement constant qui nourrit la relation et renforce le lien entre les conjoints.

IV- Généralement

~ Essayer de se mettre à la place de l'autre pour comprendre ses sentiments et ses réactions,

~ Exprimer régulièrement votre appréciation et votre affection par des mots, des gestes et de bonnes intentions,

~ Reconnaître que personne n'est parfait et être capable de pardonner les erreurs et les maladresses de l'autre.

En cultivant cette attitude de considération mutuelle au quotidien, le lien conjugal se renforce, la confiance grandit et l'épanouissement de chacun au sein du couple est favorisé.

1- Développer l'empathie d'une autre manière :

Elle représente un atout précieux, bénéfique tant pour l'individu qui la cultive que pour son entourage et la société dans son ensemble. Voici des pistes pour l'instaurer et la renforcer :

Lorsque quelqu'un s'exprime, concentrez-vous pleinement sur ce qu'il dit. Tentez de saisir au-delà des paroles, en étant attentif aux émotions et aux messages implicites. Utilisez des questions ouvertes pour encourager le partage et manifestez un véritable intérêt pour son vécu.

Cultiver l'empathie est une véritable richesse, non seulement pour celui qui la développe, mais aussi pour son entourage et la société en général.

2- Voyons comment l'instaurer et l'enrichir :

Accordez toute votre attention à l'autre lorsqu'il parle. Essayez de comprendre non seulement les mots, mais aussi les émotions et les non-dits qui se cachent derrière. Posez des questions ouvertes pour encourager l'expression et montrez un réel intérêt pour ce qu'il vit.

Efforcez-vous de vous imaginer dans la situation de l'autre, avec son vécu, ses expériences et ses perspectives. Demandez-vous : "*Comment me sentirais-je si j'étais à sa place ?*". Cet exercice mental aide à dépasser son propre point de vue.

Apprenez à identifier et à nommer les émotions chez les autres (joie, tristesse, colère, peur, etc.). Validez ces émotions, même si vous ne les partagez pas. Un simple *"Je vois que tu es déçu(e)"* peut faire une grande différence.

Soyez curieux des expériences et des points de vue différents des vôtres. Lisez des livres, regardez des films, écoutez des podcasts qui vous exposent à d'autres réalités. Rencontrez des personnes issues de milieux différents.

Essayez de ne pas tirer de conclusions hâtives ou de juger les actions et les réactions des autres. Rappelez-vous que chacun a ses propres raisons, souvent complexes et personnelles.

L'empathie mène naturellement à la compassion, qui est le désir d'alléger la souffrance d'autrui. Soyez attentif aux besoins des autres et proposez votre aide lorsque c'est possible.

L'empathie n'est pas une qualité statique, elle se développe et s'affine avec le temps et l'expérience. Soyez ouvert à apprendre de vos interactions et à remettre en question vos propres préjugés.

Pour être véritablement empathique, il est essentiel de commencer par soi-même. Reconnaissez vos propres émotions et besoins avec bienveillance. Comprendre ses propres vulnérabilités permet de mieux comprendre celles des autres.

3- Comment l'empathie enrichit nos vies et le monde ?

L'empathie favorise la compréhension mutuelle, la confiance et le respect. Elle permet de construire des liens plus solides et authentiques avec les autres.

En comprenant les émotions et les perspectives de nos interlocuteurs, nous pouvons adapter notre communication pour être plus clairs, plus persuasifs et moins susceptibles de provoquer des malentendus ou des conflits.

L'empathie permet de sortir des positions rigides et de chercher des solutions qui tiennent compte des besoins et des sentiments de toutes les parties impliquées.

Les leaders empathiques sont plus à même de motiver leurs équipes, de créer un environnement de travail positif et de prendre des décisions qui bénéficient à tous.

L'empathie nous ouvre les yeux sur les inégalités et les souffrances vécues par certains groupes de personnes.

Elle nous pousse à agir pour un monde plus juste et inclusif.

Aider les autres et se sentir connecté à eux grâce à l'empathie procure un sentiment de satisfaction et de sens à la vie, réduisant le stress et l'isolement.

Lorsque l'empathie est répandue, les individus sont plus enclins à l'entraide, à la solidarité et au respect mutuel, ce qui contribue à une société plus paisible et constructive.

En cultivant l'empathie, nous ne faisons pas seulement du bien aux autres, nous nous enrichissons nous-mêmes en développant une compréhension plus profonde de l'humain et en tissant des liens plus forts avec le monde qui nous entoure. C'est un investissement précieux pour notre propre bonheur et pour le bien-être collectif.

V- Ce qu'il faut éviter au quotidien

L'apathie et l'antipathie sont deux états émotionnels distincts, bien qu'ils puissent parfois être confondus en raison de leur caractère négatif dans les interactions sociales. Les comprendre permet de mieux décrypter les comportements et les ressentis.

VI- L'apathie : l'indifférence et le manque d'émotion

L'apathie se caractérise par un **manque d'intérêt, d'enthousiasme ou de motivation** envers les choses qui suscitent habituellement des réactions émotionnelles. La personne apathique semble **indifférente** à ce qui se passe autour d'elle, qu'il s'agisse de joie, de tristesse, de danger ou d'opportunités.

VII- Les aspects clés de l'apathie

La personne ne ressent pas ou exprime très peu

d'émotions. Elle peut sembler froide ou détachée.

Les activités qui procuraient auparavant de la satisfaction ne l'intéressent plus. La personne a du mal à initier des actions ou à persévérer dans ses entreprises. Elle peut se sentir léthargique.

La personne apathique peut sembler insensible aux joies et aux peines des autres. Elle peut manquer d'empathie, non pas par hostilité, mais par un manque général de réactivité émotionnelle.

Par manque d'intérêt pour les interactions, la personne apathique peut s'isoler socialement.

En résumé, l'apathie est un état de "non ressenti" ou de "ressenti atténué". La personne n'est pas nécessairement hostile, mais plutôt indifférente. Imaginez une personne qui regarde un événement joyeux sans esquisser un sourire ou qui apprend une mauvaise nouvelle sans manifester de tristesse.

VIII- L'antipathie : le sentiment d'aversion et d'hostilité

L'antipathie, au contraire, est un *sentiment actif de désaffection, d'aversion ou d'hostilité* envers une personne, un groupe de personnes ou même une idée. Elle implique un jugement négatif et un rejet de l'objet de ce sentiment.

IX- Les aspects clés de l'antipathie

L'antipathie se traduit par un malaise, un dégoût, voire une haine envers l'autre.

La personne antipathique a une opinion défavorable de l'objet de son aversion. Elle peut le considérer comme désagréable, mauvais ou nuisible.

L'antipathie conduit souvent à vouloir éviter le contact avec la personne ou la chose détestée.

Dans certains cas, l'antipathie peut se manifester par des paroles blessantes, des comportements hostiles ou même des actions visant à nuire. *L'antipathie dans son ensemble est un sentiment actif de rejet et d'hostilité. La personne a une opinion négative et souhaite s'éloigner, voire agir contre l'objet de son aversion.* Imaginez une personne qui grince des dents en entendant le nom de quelqu'un ou qui évite activement une certaine personne.

L'*apathie* est un état de *manque de réactivité émotionnelle et d'intérêt*, tandis que l'*antipathie* est un *sentiment actif de rejet et d'hostilité*. Il est crucial de distinguer ces deux états pour comprendre les dynamiques interpersonnelles et les états psychologiques sous-jacents.

Une personne apathique n'est pas nécessairement votre ennemi, elle peut simplement être désengagée ou souffrir d'un trouble. Une personne antipathique, en revanche, manifeste un rejet actif et potentiellement nuisible.

Cultiver l'empathie demande un effort quotidien, dès que le contexte s'y prête. L'empathie se travaille au jour le jour, saisissant chaque occasion qui se présente pour se connecter à l'autre.

Devenir empathique est un cheminement continu qui se nourrit des interactions quotidiennes favorables. Chaque jour offre des moments pour exercer notre empathie, pour peu que nous soyons ouverts à le faire.

L'empathie se pratique au quotidien, à chaque fois que les circonstances nous offrent l'opportunité de comprendre autrui.

L'empathie n'est pas automatique ; elle requiert un engagement constant, particulièrement lorsque les situations s'y montrent propices.

Tableau 2 - Améliorer votre communication : les phrases à éviter (tableau et explications)

Phrase à éviter.	Explication du problème	Alternative plus constructive
Ce n'est pas si grave	Nie ou minimise la souffrance de l'autre, le faisant se sentir incompris et seul.	Je suis là pour toi. Qu'est-ce qui te tracasse ? / Je comprends que tu te sentes ainsi !

Phrase à éviter.	Explication du problème	Alternative plus constructive
Tu exagères vraiment !	Juge et dévalorise la réaction émotionnelle de l'autre.	Ça a l'air difficile. Peux-tu m'en dire plus ?
Tu devrais t'en faire une raison !	Implique que les sentiments de l'autre sont illégitimes et qu'il devrait les réprimer.	Prends ton temps. Comment puis-je te soutenir ?
C'est ta faute !	Blâme l'autre et met fin à la communication constructive.	Comment pouvons-nous aborder ça ensemble ?/ Qu'est-ce qui s'est passé de ton point de vue ?
Tu n'y connais rien.	Dénigre les connaissances ou les compétences de l'autre.	J'ai une perspective différente. Pourrais-je la partager ?
Tu es toujours comme ça !	Généralisation négative qui enferme l'autre dans un rôle et ignore les nuances.	J'ai remarqué que dans cette situation... / Peut-on parler de ce qui s'est passé ?
Dépêche-toi !	Génère du stress et de l'anxiété.	Prends ton temps. / "Fais de ton mieux."
Il faut que tu...	Ton directif qui ne laisse pas de place à l'autonomie de l'autre.	Pourrais-tu envisager de... ? / Qu'en penses-tu ?

X- Exprimer un message positif, impliqué et sincère

Pour que les demandes et les remerciements soient vraiment chaleureux et efficaces, il est crucial de *valoriser concrètement l'action de l'autre*.

C'est la reconnaissance spécifique qui donne du poids et de la sincérité à nos paroles.

Quant à ce qui peut bloquer l'expression de vos messages positifs et de cette valorisation, voici quelques pistes :

Qu'est-ce qui pourrait vous empêcher de pleinement exprimer votre appréciation et la valeur de l'action de l'autre ?

Peut-être n'avez-vous pas pris l'habitude de verbaliser explicitement ce que vous appréciez dans les actions des autres. Cela peut sembler superflu ou vous n'y pensez tout simplement pas.

Vous pourriez être tellement concentré (e) sur le résultat final que vous en oubliez de reconnaître l'investissement, le temps ou l'attention que l'autre a mis dans son geste.

Dans certaines cultures ou contextes personnels, exprimer ouvertement sa gratitude ou son appréciation peut être perçu comme une marque de vulnérabilité.

Si l'action de l'autre correspond à ce que vous attendez de lui/elle, vous pourriez ne pas ressentir le besoin de le souligner ou de le valoriser, la considérant comme allant de soi.

Il peut être difficile de mettre des mots précis sur ce que vous avez apprécié dans l'action de l'autre, ce qui rend l'expression moins percutante.

Des tensions sous-jacentes, un ressentiment ou un malaise dans la relation peuvent inhiber l'expression sincère de positivité

Un manque d'estime de soi peut rendre difficile l'idée de "mériter" l'action positive de l'autre, ou une vision négative de l'autre peut freiner l'envie de reconnaître ses mérites.

Vous pourriez hésiter à valoriser un geste par crainte que cela n'instaure une obligation ou une attente de réciprocité.

Si votre entourage n'a pas l'habitude d'exprimer sa gratitude ou de valoriser les actions, vous pourriez vous sentir moins enclin (e) à le faire.

XI- Le partage de la charge mentale

Au lieu d'un vague "*je fais les courses, tu fais le ménage*", on détaille les *sous-tâches*. Par exemple, pour les courses : "Je fais les courses (liste, déplacement, rangement), je planifie les courses de la semaine, je prépare la liste , je regarde la réserve et je valide le budget ». Effectuer cet exercice ensemble permet de réaliser l'étendue de la charge mentale associée à chaque domaine.

Créer un tableau (physique ou numérique) où sont listées toutes les tâches (prendre les rendez-vous médicaux, renouveler les assurances, penser aux cadeaux des proches et amis, vérifier les stocks alimentaires, etc.) et où chacun indique sa responsabilité principale. Ce tableau est revu régulièrement pour s'adapter aux changements et aux préférences de chacun. Au lieu qu'une seule personne soit le "chef d'orchestre" qui délègue, on attribue des domaines de responsabilité complets. Par exemple, l'un gère toute l'intendance de la voiture (entretien, assurance, rendez-vous), l'autre toute l'organisation des activités des enfants (inscriptions, matériel, planning). La personne responsable prend l'initiative et n'a pas besoin de validation constante.

Alterner régulièrement les tâches qui demandent de l'anticipation et de la planification. Par exemple, une semaine l'un gère les menus et les courses, la semaine suivante c'est l'autre. Cela permet à chacun de prendre conscience de la charge mentale associée.

Prendre un moment régulier (par exemple, le samedi soir) pour discuter ensemble des événements de la semaine à venir, des besoins, des courses à faire, des rendez-vous à prendre. Cela permet de répartir la planification et d'anticiper ensemble.

Encourager l'autonomie et la prise d'initiative. Si quelque chose doit être fait et que vous avez le temps, faites-le sans attendre qu'on vous le demande.

Une fois qu'une responsabilité est attribuée, laisser l'autre personne l'organiser comme elle le souhaite, même si ce n'est pas exactement votre méthode préférée. L'important est que la tâche soit accomplie.

Communiquer ouvertement lorsque la charge mentale devient trop lourde et demander de l'aide de manière spécifique ("Pourrais-tu t'occuper de prendre rendez-vous chez le pédiatre cette semaine ?").

Ne pas seulement remercier pour la tâche physique accomplie ("Merci d'avoir sorti les poubelles"), mais aussi pour l'effort mental qu'elle implique ("Merci d'avoir pensé à sortir les poubelles ce soir").

Être attentif aux signes de surcharge mentale chez l'autre et proposer spontanément de l'aide ou une pause.

Le partage de la charge mentale n'est pas figé. Il est important d'en parler régulièrement pour s'assurer que la répartition est équitable et convient aux deux partenaires. Au lieu qu'une seule personne fasse toujours la liste, les deux y contribuent. L'un fait les courses, l'autre range et vérifie les stocks pour la prochaine liste.

L'un gère les devoirs et le suivi scolaire, l'autre les activités extra-scolaires (inscriptions, transport, matériel). Ils alternent pour les rendez-vous médicaux

L'un planifie les menus de la semaine et fait les courses, l'autre prépare les repas. Ils alternent ces rôles régulièrement. L'un s'occupe des factures et des assurances, l'autre des démarches administratives.

Au lieu que ce soit toujours la même personne qui gère les urgences et les imprévus, ils communiquent et se répartissent la tâche en fonction de leur disponibilité et de leurs compétences.

En mettant en place ces pratiques, le partage de la charge mentale devient une réalité concrète, contribuant à une relation plus équilibrée, moins stressante et plus épanouissante pour les deux partenaires. C'est un processus continu d'ajustement et de communication.

Chapitre 10

Les mensonges anodins
dans le couple

I- Les petits mensonges

Ces "petits" mensonges, insidieux au premier abord, peuvent s'accumuler et créer un poids psychologique non négligeable. Ils minent la confiance en soi, altèrent nos relations et engendrent un sentiment de culpabilité sourd.

Voici quelques exemples concrets :

Mensonges pour éviter une confrontation ou un jugement :

"*Oui, bien sûr, je l'ai fait.*" (Alors que vous avez oublié une tâche). Ce mensonge crée une anxiété de sa divulgation et vous oblige à maintenir une fausse image La culpabilité vient du non-respect de votre engagement et de la tromperie.

"*Je ne suis pas disponible ce soir.*" (Alors que vous préférez simplement rester seul (e) ou faire autre chose). Ce mensonge, répété, peut éloigner les autres et vous isoler. La culpabilité naît du sentiment de rejet (même si ce n'est pas votre intention) et du manque d'authenticité.

"Tout va bien, je suis juste un peu fatigué (e)." (Alors que vous êtes contrarié (e), triste ou stressé (e)). Refouler vos émotions vous empêche de les gérer sainement et peut créer des tensions non exprimées dans vos relations. La culpabilité vient du manque d'honnêteté envers vos proches et envers vous-même.

"J'ai adoré ton cadeau !" (Alors que ce n'est pas le cas). Ce mensonge, bien intentionné, peut vous mettre mal à l'aise si la personne insiste ou vous interroge à ce sujet. La culpabilité provient du sentiment d'hypocrisie.

II- Mensonges pour se donner une meilleure image

"J'ai lu tous les livres de cet auteur." (Alors que vous n'en avez lu qu'un ou deux). Ce type de mensonge, souvent pour impressionner, crée une pression de maintenir cette fausse image et peut vous faire vous sentir illégitime. La culpabilité vient de la vanité et du manque d'authenticité.

"J'ai eu une promotion au travail." (Alors que ce n'est pas le cas, ou que c'est une exagération). Ces mensonges sur votre réussite peuvent vous isoler si les autres se sentent inférieurs ou si la vérité éclate. La

138

culpabilité provient de la tromperie et de la potentielle jalousie suscitée.

"*Je connais très bien ce sujet.*" (Alors que vous n'avez qu'une vague idée). Prétendre une expertise peut vous mettre dans des situations délicates si on vous demande des détails. La culpabilité vient de la peur d'être démasqué (e) et du manque d'humilité.

III-Mensonges par omission ou minimisation

Ne pas mentionner une erreur commise au travail par peur des répercussions. Ce silence peut entraîner des conséquences plus graves à long terme et vous charger d'un poids de responsabilité non assumée. La culpabilité vient du sentiment de malhonnêteté et de la peur des conséquences.

IV-Minimiser une dispute avec un proche pour éviter d'inquiéter les autres

Cela vous empêche de chercher du soutien et peut laisser des blessures non guéries. La culpabilité vient du manque de transparence et du sentiment d'isolement.

Dissimuler un achat : comment réagir en couple ?

Ces petits secrets financiers peuvent créer des tensions et une perte de confiance au sein du couple. La culpabilité provient de la transgression de la confiance et de la potentielle désapprobation.

Pourquoi ces « petits » mensonges pèsent-ils si lourd ?

Maintenir un mensonge demande de la mémoire et de la vigilance pour ne pas se contredire. Cela épuise mentalement.

Il y a un conflit interne entre ce que vous savez être vrai et ce que vous affirmez. Cette dissonance crée un malaise et un sentiment d'inauthenticité.

Mentir, même pour de petites choses, peut entamer votre propre estime. Vous savez que vous n'êtes pas complètement honnête.

L'angoisse que la vérité éclate est une source de stress constant. Les mensonges créent une distance avec les autres, car vous ne vous montrez pas tel(le) que vous êtes réellement.

Même petits, les mensonges peuvent éroder la confiance, fondement de toute relation saine.

Il est important de prendre conscience de ces petits arrangements avec la vérité et de réfléchir à ce qui les motive.

Souvent, l'honnêteté, même si elle peut être inconfortable à court terme, libère d'un poids bien plus important à long terme et renforce l'authenticité de nos relations et notre propre intégrité.

Comme le dit le proverbe kabyle : ***"Un mensonge qui apporte de la joie est une joie de courte durée, tandis que la vérité, même blessante, a des fondations solides."***

La fausse joie du mensonge ne vaut pas la peine comparée à la vérité, même si elle blesse initialement.

Notre premier reflexe	Ce qu'il vaudrait mieux dire
Oh là là, je crois que j'ai une fuite d'eau chez moi, il faut absolument que je reste pour gérer ça.	Je dois m'occuper d'un petit imprévu à la maison pour assurer que tout rentre dans l'ordre rapidement.
Ma mère ne se sent pas très bien aujourd'hui, je préfère rester avec elle.	Aujourd'hui, ma priorité est d'être là pour maman. Elle a besoin de moi et je préfère rester à ses côtés.

Notre premier reflexe	Ce qu'il vaudrait mieux dire
Ma voiture ne démarre pas, je suis bloqué (e).	Finalement, je vais profiter de cette journée pour rester tranquillement à la maison.
Les transports en commun sont complètement perturbés aujour-d'hui, c'est impossible de me dé-placer.	J'ai besoin d'une journée tranquille à la maison aujourd'hui pour me ressourcer.
J'ai un rendez-vous médical im-prévu qui vient de se caler.	Je vais prendre soin de moi aujour-d'hui en restant à la maison.
Mon voisin vient de m'appeler, il y a un problème avec sa voiture et il a besoin d'aide tout de suite.	Finalement, je n'ai pas envie de sortir aujourd'hui.
Mon neveu/nièce a un petit souci, je dois aller le/la chercher.	Je préfère rester chez moi aujour-d'hui.
Je ne peux pas venir car je suis un peu malade.	Je ne peux pas venir car je n'ai pas envie de sortir. Ou je ne peux pas venir car je suis fatigué.
J'ai déjà une visite prévue et je ne pourrai pas venir.	Je vais profiter de cette journée pour avancer sur projet personnel

La charge mentale au sein d'un couple n'est pas un fardeau solitaire porté face à l'apathie de l'autre ; c'est un déséquilibre qui affecte la qualité de vie et l'épanouissement des deux partenaires.

Ce n'est pas à une seule personne de se battre; c'est un projet commun de réorganisation et de communication pour alléger le fardeau et instaurer une équité qui profite à chacun.

L'énervement et la colère sont des acides qui rongent les fondations de votre couple, érodant la confiance, l'intimité et le respect mutuel.

L'énervement et la colère créent un climat de tension et de peur au sein du couple, où chacun marche sur des œufs, craignant de déclencher la prochaine explosion.

Plutôt que de laisser l'énervement et la colère prendre le contrôle, apprenez ensemble des stratégies pour les identifier, les comprendre et les désactiver avant qu'ils ne causent des dommages irréparables.

Le partage de la charge mentale est un investissement dans le bien-être individuel et conjugal, facilité par une communication empathique et des outils concrets pour une organisation quotidienne équilibrée.

Charge mentale partagée : équilibre et bien-être du couple grâce à l'empathie et des outils pratiques au quotidien.

Pour alléger votre esprit, apprenez à confier certaines tâches à votre partenaire, vos enfants ou même des aides extérieures. Déléguer les courses, la gestion du linge ou la planification des repas peut libérer un espace mental précieux.

Apprendre à ne plus tout contrôler, c'est se donner le droit de ne pas être partout et de faire confiance aux autres.

Laissez votre collègue mener un projet à sa façon, ou votre partenaire gérer un imprévu sans votre intervention immédiate.

Encouragez toujours l'autre pour ce qu'il a fait, même si ce n'est pas parfait, car c'est un pas vers l'apprentissage et l'amélioration. L'imperfection n'est pas un échec, mais une étape d'apprentissage.

Encourageons l'autre pour ses tentatives, même si elles ne sont pas parfaites. Même une aide modeste ou un partage partiel est un premier pas précieux qu'il est important de saluer et d'apprécier.

Un partage même partiel ou une simple aide peuvent être le début d'un engagement plus important à l'avenir.

Même un petit geste de partage est un pas dans la bonne direction.

L'évolution souhaitable est d'atteindre une organisation où chaque conjoint prend l'initiative et assure la gestion complète des tâches qui lui incombent.

L'objectif est de progresser vers un modèle de gestion autonome.

Ah, explorer le paysage de nos pensées, c'est un voyage fascinant ! Voici quelques pistes pour travailler sur les pensées négatives et cultiver les positives :

V- Mettre en place un journal des pensées

Prenez quelques moments chaque jour pour noter les pensées qui traversent votre esprit, surtout celles qui vous mettent mal à l'aise. Notez la situation, la pensée elle-même, et l'émotion ressentie.

Par exemple :

Je dois faire une présentation au travail. Je vais forcément me échouer, tout le monde va voir que je suis incompétent. L'anxiété, et la peur s'installent. Plusieurs fois par jour, faites une pause et demandez-vous : "Qu'est-ce que je suis en train de me dire en ce moment ?" Soyez attentif aux murmures intérieurs, aux jugements, aux inquiétudes.

VI- La remise en question : démêler le vrai du faux

Nos pensées négatives suivent souvent des schémas déformés. Apprenez à reconnaître les plus courants : "*J'ai raté une fois, je vais toujours tout rater*." "*Si je ne suis pas parfait, je suis un échec total*."

Se concentrer uniquement sur les aspects négatifs et ignorer le positif. "*J'ai réussi, mais c'était juste de la chance*." **"Je sais qu'il pense que je suis nul." "Je sais que ça va mal se passer, alors ça va mal se passer."**

Exagérer ses erreurs et minimiser ses réussites. "*Je me sens nul, donc je suis nul*." Se fixer des règles rigides et irréalistes.

S'attribuer ou attribuer aux autres des étiquettes négatives **"Je suis un bon à rien", "Il est stupide."**

Se sentir responsable d'événements négatifs qui ne dépendent pas de soi. Pour chaque pensée négative identifiée, demandez-vous :

~ Quelles sont les preuves qui soutiennent cette pensée ?,

~ Quelles sont les preuves qui la contredisent ?,

~ Y a-t-il une autre façon de voir la situation?,

~ Quelle est la probabilité réelle que cette pensée se réalise ?,

~ Semer les Graines de la Pensée Positive.

Pour chaque pensée négative, essayez de formuler au moins une pensée alternative plus réaliste et positive. Par exemple : Je vais forcément me échouer à ma présentation → Je me suis bien préparé, j'ai des choses intéressantes à partager. Même si je fais quelques erreurs, ce n'est pas la fin du monde.

Choisissez des phrases courtes et positives qui vous parlent et répétez-les régulièrement. Par exemple : "Je suis capable", "Je mérite le bonheur", "Je suis en train d'apprendre et de grandir".

Chaque jour, prenez le temps de lister au moins trois choses pour lesquelles vous êtes reconnaissant. Cela recentre votre attention sur le positif.

Imaginez-vous en train de réussir, de vous sentir bien, d'atteindre vos objectifs. Imprégnez-vous des sensations positives associées à cette image.

Soyez doux et compréhensif envers vous-même, comme vous le seriez avec un ami. Reconnaissez vos difficultés sans vous juger durement.

Disons que vous avez la pensée : "Je ne suis pas assez créatif pour ce projet." Vous notez cette pensée et l'émotion de frustration qu'elle provoque.

Remise en Question : ("Je ne suis pas créatif").

"J'ai eu des idées créatives par le passé pour d'autres projets. J'ai trouvé des solutions originales à des problèmes."

"La créativité, c'est comme un muscle, ça se travaille. Peut-être que je n'ai pas encore trouvé la bonne approche pour ce projet."

Transformation :

"Je suis capable de développer ma créativité. Je vais essayer différentes techniques et chercher l'inspiration." "Je suis créatif et j'ai des idées intéressantes." "Je suis reconnaissant d'avoir l'opportunité de travailler sur ce projet, même si c'est un défi."

Conseils Importants :

Changer ses habitudes de pensées prend du temps et de la pratique. Ne vous découragez pas si les pensées négatives reviennent.

Accueillez vos pensées sans jugement. Le but n'est pas de ne plus jamais avoir de pensées négatives, mais d'apprendre à les gérer différemment.

Si les pensées négatives sont envahissantes et perturbent votre quotidien, consulter un professionnel de santé peut être très bénéfique.

En cultivant une conscience de vos pensées et en pratiquant ces exercices, vous pouvez progressivement transformer votre dialogue intérieur et favoriser un état d'esprit plus positif et constructif. C'est un cheminement continu, mais les bénéfices en valent la peine !

Les pensées qui font mal et qui dévalorisent :

Je n'ai pas eu le temps de trouver toutes les fournitures scolaires pour la rentrée scolaire => **Je suis un mauvais parent de ne pas avoir tout préparé à temps.**

Être un bon parent, c'est bien plus que des fournitures à temps. C'est aussi apporter de l'amour, du soutien et de l'attention à mon enfant

La vie est pleine d'imprévus et de moments où l'on est débordé. Ce n'est pas un manquement fondamental, juste une situation ponctuelle.

Je me soucie du bien-être de mon enfant, c'est pour ça que je ressens cette culpabilité. Cela prouve mon engagement.

Beaucoup de parents se retrouvent dans cette situation. Ce n'est pas un signe d'incompétence unique à moi.

Je vais faire de mon mieux pour trouver le reste des fournitures dès que possible. L'important, c'est de trouver des solutions, pas de s'enfoncer dans la culpabilité.

Les enfants sont souvent plus compréhensifs et adaptables qu'on ne le pense. Quelques fournitures manquantes ne définiront pas son intégration. C'est une occasion de lui apprendre que parfois, on doit faire avec les moyens du bord et que l'essentiel est ailleurs : l'envie d'apprendre et de retrouver ses camarades.

Je peux communiquer avec son professeur pour l'informer de la situation et trouver des solutions temporaires ensemble.

Peut-être que d'autres enfants sont dans la même situation. Cela pourrait même créer un lien ou une discussion.

Je vais me concentrer sur ce que j'ai déjà préparé et sur le soutien émotionnel que je peux apporter à mon enfant pour cette rentrée.

Pensée immédiate «Je n'y arrive jamais, je suis toujours en retard sur tout."

Ce n'est pas une vérité absolue. Il y a sûrement des domaines où je suis organisé et efficace. Identifier les raisons de ce retard peut m'aider à mieux m'organiser à l'avenir, au lieu de simplement me juger.

Chacun a son propre rythme et ses propres défis.
Me comparer aux autres n'est pas constructif.
Je peux apprendre de cette situation et mettre en place des stratégies pour anticiper davantage les prochaines échéances. Reconnaître mes difficultés est déjà un premier pas vers le changement. Je suis capable de m'améliorer.

Pensée immédiate : la rentrée va mal commencer à cause de moi

Une rentrée réussie ne dépend pas uniquement des fournitures. L'enthousiasme de mon enfant à retrouver l'école et ses amis est bien plus important. Je peux transformer cette situation en une leçon de résilience et de débrouillardise pour mon enfant. Un petit contre-temps ne gâche pas forcément tout le début d'année scolaire.

Je vais me concentrer sur l'accueil et le soutien que je vais apporter à mon enfant pour cette journée, en mettant l'accent sur le positif. Je peux demander de l'aide à d'autres parents ou à l'école si besoin. Je ne suis pas seul(e).

L'idée est de prendre ces pensées brutes et de leur apporter des nuances, des perspectives plus douces et réalistes. C'est comme ajouter des couleurs à un dessin en noir et blanc. Vous reconnaissez la situation, mais vous l'éclairez sous un angle moins accusateur et plus constructif. N'hésitez pas à revenir sur ces pensées et à les explorer davantage. Parfois, le simple fait de les mettre en mots et de chercher des alternatives plus douces apporte déjà un soulagement. Vous n'êtes pas seul(e) dans cette situation, et vous faites de votre mieux. C'est ça, l'essentiel.

Chapitre 11

Apprendre à gérer la colère conjugale

I- Apprendre à gérer sa colère

Stratégies pour maîtriser sa colère
Lorsque la colère vous envahit, la réponse doit être immédiate : une inspiration profonde et une expiration lente de quinze secondes, accompagnée d'un comptage, permet de créer une pause salvatrice.
Face au feu de la colère, l'eau de la respiration profonde est votre premier réflexe. Inspirez amplement, puis laissez l'air s'échapper lentement pendant au moins quinze secondes, en les comptant.
Plongez votre visage dans de l'eau froide pendant quelques secondes, ou appliquez une compresse froide sur votre nuque ou votre visage. Ce choc thermique peut aider à ralentir votre rythme cardiaque et à calmer la réaction émotionnelle intense.
Si la situation le permet et que vous en avez l'énergie, engagez-vous brièvement dans une activité physique intense comme quelques sauts, des pompes ou une course sur place.
L'objectif est de libérer l'énergie accumulée par la colère de manière physique.

Concentrez-vous sur différents groupes musculaires de votre corps (poings, bras, épaules, visage, etc.). Tendez chaque groupe pendant quelques secondes, puis relâchez brusquement en sentant la tension s'évacuer.

II- Agir sur son corps

Voici plusieurs techniques enrichies pour mettre fin à une colère aveugle, allant au-delà de la simple respiration :

Techniques Physiologiques (Agir sur le Corps)
Respiration Profonde et Rythmée (version enrichie) : dès que la colère monte, isolez-vous si possible. Inspirez profondément par le nez en gonflant votre abdomen pendant 4 secondes, retenez votre souffle pendant 4 secondes, puis expirez lentement par la bouche pendant 6 à 8 secondes en relâchant toute tension. Répétez ce cycle plusieurs fois en vous concentrant sur le souffle et le compte. Vous pouvez visualiser l'air chaud de la colère s'échapper à chaque expiration.
Refroidissement Rapide : plongez votre visage dans de l'eau froide pendant quelques secondes, ou appliquez une compresse froide sur votre nuque ou votre visage. Ce choc thermique peut aider à ralentir votre rythme cardiaque et à calmer la réaction émotionnelle intense.
Exercice Physique Intense (si possible et sécuritaire) : si la situation le permet et que vous en avez l'énergie, engagez-

vous brièvement dans une activité physique intense comme quelques sauts, des pompes ou une course sur place. L'objectif est de libérer l'énergie accumulée par la colère de manière physique.

Relâchement Musculaire Progressif : concentrez-vous sur différents groupes musculaires de votre corps (poings, bras, épaules, visage, etc.). Tendez chaque groupe pendant quelques secondes, puis relâchez brusquement en sentant la tension s'évacuer.

Techniques Cognitives (Agir sur la Pensée)

Distraction Active : déviez immédiatement votre attention vers une activité absorbante et neutre. Cela peut être un compte à rebours à partir de 100, récitez une poésie, vous concentrez sur les détails d'un objet autour de vous (sa couleur, sa texture, sa forme).

Remise en Question des Pensées Automatiques : identifiez les pensées qui alimentent votre colère ("C'est injuste !", "Il/Elle fait exprès !"). Questionnez leur validité : Y a-t-il d'autres explications possibles ? Suis-je en train de tirer des conclusions hâtives ? Essayez de formuler des pensées plus neutres ou positives.

Visualisation Apaisante : fermez les yeux et imaginez un lieu calme et paisible où vous vous sentez en sécurité (une plage, une forêt, un souvenir heureux). Concentrez-vous sur les détails sensoriels de cet endroit (les sons, les odeurs, les sensations).

Changement de Perspective : essayez de vous mettre à la place de l'autre personne. Quelles pourraient être ses motivations ? Comment la situation pourrait-elle être perçue de son point de vue ? Cela peut aider à désamorcer le sentiment d'injustice personnelle.

Techniques comportementales (Agir sur l'Action)
Pause et Retrait : si possible, éloignez-vous physiquement de la situation ou de la personne qui provoque votre colère. Prenez un temps pour vous calmer avant de réagir ou de reprendre la discussion.
Recherche de Soutien : parlez de votre colère à une personne de confiance (ami, membre de la famille, thérapeute). Verbaliser vos émotions peut aider à les désamorcer et à obtenir un autre point de vue.

Identifier de manière exhaustive toutes les charges mentales d'une femme kabyle est une tâche complexe et délicate, car elle est influencée par une multitude de facteurs individuels, familiaux, sociaux, économiques et culturels.

De plus, la "femme kabyle" n'est pas une entité monolithique ; ses expériences et ses responsabilités varient considérablement en fonction de son âge, de son statut marital, de son niveau d'éducation, de son lieu de résidence (ville ou village), de sa profession et de sa situation économique.

Cependant, on peut dresser un tableau général des domaines où la charge mentale est susceptible de s'exercer pour de nombreuses femmes kabyles, en s'appuyant sur des observations socioculturelles et des études sur la répartition des rôles et des responsabilités dans les sociétés traditionnelles et en transition.

Il est crucial de garder à l'esprit que ce tableau est une **généralisation** et que l'expérience individuelle peut différer significativement.

Domaine de la charge mentale	Exemples spécifiques pour une femme Kabyle	Enrichissement et nuances
Gestion du Foyer et des obligations familiales	• Planification et préparation des repas quotidiens (souvent pour une famille élargie). • Entretien de la maison (nettoyage, lessive, réparations mineures). • Gestion des stocks alimentaires et des produits ménagers. • Organisation des événements familiaux (mariages, naissances, fêtes religieuses, commémorations). • Coordination des soins de santé pour les membres de la famille. • Gestion des relations avec la belle famille (qui peut être très présente et très compliquée).	• · La complexité augmente avec la taille de la famille et la présence de personnes âgées ou dépendantes. • · Les normes culturelles peuvent fortement influencer les standards d'entretien et de préparation. • · La distance géographique des membres de la famille peut ajouter une charge de coordination logistique pour les événements. • · La gestion des relations avec la belle-famille peut impliquer des obligations émotionnelles et sociales importantes.

161

Domaine de la charge mentale	Exemples spécifiques pour une Femme Kabyle	Enrichissement et nuances
Gestion du foyer et des obligations familiales	• Transmission des savoir-faire traditionnels (cuisine, artisanat, chants, contes) aux jeunes générations. • Suivi scolaire (devoirs, réunions parents-professeurs). • Organisation des activités extra-scolaires. • Gestion des besoins émotionnels et psychologiques des enfants. • Anticipation de leurs besoins futurs (études, orientation). • Exécution des tâches professionnelles. • Respect des délais et des objectifs.	• La transmission culturelle est souvent une responsabilité tacite et valorisée, mais chronophage. • L'implication peut varier selon l'âge des enfants et le niveau d'éducation de la mère.

Domaine de la charge mentale	Exemples spécifiques pour une femme Kabyle	Enrichissement et nuances
Éducation et Soins des Enfants	• Surveillance de leur santé et prise de rendez-vous médicaux. • Transmission de la langue kabyle et des valeurs culturelles. • Gestion des conflits entre enfants. • Anticipation de leurs besoins futurs (études, orientations).	• Concilier les valeurs traditionnelles et les influences modernes dans l'éducation peut être une source de tension mentale. • L'inquiétude pour l'avenir des enfants, notamment en termes d'emploi et de perspectives, peut être prégnante. • Le rôle dans la transmission de la langue kabyle et de la religion est crucial dans un contexte de possible assimilation linguistique.

Domaine de la charge mentale	Exemples spécifiques pour une femme kabyle	Enrichissement et nuances
Travail professionnel (salarié ou indépendant)	• Exécution des tâches professionnelles. • Respect des délais et des objectifs. • Gestion des relations professionnelles. • Conciliation des exigences du travail avec les responsabilités familiales. • Soucis de progression de carrière (si applicable). • Gestion administrative et financière de son activité (si indépendante).	• La charge mentale peut être exacerbée par la précarité de l'emploi ou le manque de reconnaissance professionnelle. • Les femmes indépendantes (artisanes, commerçantes) peuvent avoir une charge mentale importante liée à la gestion de leur entreprise. - Le cumul du travail. • La famille est une source majeure de stress et de charge mentale. • Les stéréotypes de genre peuvent parfois compliquer l'évolution professionnelle.

Domaine de la charge mentale	Exemples spécifiques pour une femme Kabyle	Enrichissement et nuances
Gestion financière du foyer	• Traditionnellement, dans la société kabyle, une **division des rôles** plaçait souvent l'homme comme principal pourvoyeur financier et gestionnaire des affaires économiques du foyer. Cette répartition était liée aux activités traditionnellement masculines, comme le travail de la terre, le commerce et les interactions avec le monde extérieur. La femme, quant à elle, était davantage associée à la sphère domestique, à l'entretien de la maison, à l'éducation des enfants et à certaines formes d'artisanat.	• La charge mentale peut augmenter en période de difficultés économiques ou d'incertitude financière. • Les femmes peuvent avoir une responsabilité importante dans la gestion quotidienne des dépenses, même si les décisions majeures sont prises en commun. • La transparence et la communication au sein du couple concernant les finances peuvent influencer la charge mentale.

Domaine de la charge mentale	Exemples spécifiques pour une femme Kabyle	Enrichissement et nuances
Maintien du Réseau Social et Familial Élargi	• Maintien des liens avec la famille élargie (parents, frères, sœurs, cousins, etc.). - Participation aux événements familiaux (même éloignés). - Soutien émotionnel et matériel aux membres de la famille en difficulté. • Gestion des conflits familiaux. • Respect des traditions et des coutumes liées aux interactions sociales.	• La forte importance de la famille dans la culture kabyle peut impliquer une charge mentale significative liée au maintien de ces liens. - Les obligations sociales et familiales peuvent parfois entrer en conflit avec les besoins individuels. • La gestion des attentes et des pressions sociales peut être une source de stress.

Domaine de la charge mentale	Exemples spécifiques pour une femme Kabyle	Enrichissement et nuances
Soucis Identitaires et Culturels	• Maintien des traditions et des coutumes dans un contexte de modernisation. - Gestion des identités multiples (kabyle, algérienne, parfois immigrée). • Réflexion sur l'évolution du rôle des femmes dans la société kabyle. • Confrontation aux stéréotypes et aux discriminations.	• La fierté de l'identité kabyle peut coexister avec l'inquiétude quant à sa pérennité. • Les femmes peuvent être des actrices clés dans la transmission culturelle, ce qui représente une responsabilité. • La navigation entre les valeurs traditionnelles et les aspirations modernes peut engendrer une charge mentale spécifique.

Domaine de la Charge mentale	Exemples spécifiques pour une femme Kabyle	Enrichissement et nuances
Soins Personnels et Bien-être	• Tentative de trouver du temps pour soi (loisirs, repos). • Gestion du stress et des émotions. • Maintien de sa propre santé physique et mentale. • Sentiment de culpabilité de prendre du temps pour soi (en raison des attentes sociales).	• Le manque de temps personnel est une plainte fréquente, car les priorités sont souvent tournées vers les autres. • Les normes culturelles peuvent parfois minimiser l'importance du bien-être individuel des femmes. - La difficulté à déléguer les responsabilités peut entraver la possibilité de prendre soin de soi.

IV- Les différences entre les générations de femmes kabyles

Les jeunes femmes peuvent avoir des attentes et des expériences différentes de celles de leurs aînées.

1- L'impact de l'urbanisation:

Les femmes vivant en ville ou à l'étranger peuvent être confrontées à des charges mentales différentes liées à l'adaptation à de nouveaux environnements et à la distance avec leur famille.

2- Le rôle du conjoint et la répartition des tâches au sein du couple :

Une répartition plus équitable peut significativement alléger la charge mentale des femmes.

3- L'accès aux services et aux ressources (garde d'enfants, aide à domicile, etc.) :

Le manque de soutien extérieur peut augmenter la charge mentale.

Identifier exhaustivement, la charge mentale d'une femme kabyle nécessite une approche nuancée et contextualisée.

Ce tableau offre un cadre général, mais il est essentiel de reconnaître la diversité des expériences individuelles et l'influence des multiples facteurs qui façonnent leur quotidien.

Conclusion

Chacun de nos actes, même les plus personnels, a une résonance universelle. En choisissant une voie, nous proposons un modèle pour l'humanité entière, engageant ainsi une responsabilité bien plus vaste qu'il n'y paraît. Nous sommes porteurs d'une responsabilité immense, car en nous modelant, nous participons à façonner l'image de l'humanité. Chaque choix personnel est un engagement qui dépasse notre propre existence. Chaque décision personnelle est en quelque sorte un plaidoyer pour une certaine forme d'humanité. En me déterminant, je propose un exemple, assumant une responsabilité qui touche à la définition même de l'homme.

Voici quelques pistes et conseils pour une femme kabyle souhaitant s'assurer de ses droits à l'héritage et alléger sa charge mentale, tout en s'enrichissant personnellement :

Briser le silence : l'héritage des femmes en Kabylie

Il est crucial de bien comprendre les lois algériennes relatives à l'héritage. Bien que la tradition puisse parfois influencer les pratiques, la loi est la référence.

N'hésitez pas à consulter des juristes, des notaires, pour obtenir des informations claires et précises sur vos droits spécifiques en tant que femme kabyle et citoyenne algérienne.

Discuter ouvertement en famille :

Aborder le sujet de l'héritage au sein de la famille, même si cela peut être délicat, est une étape importante. Exprimer clairement son souhait de voir ses droits respectés peut ouvrir des dialogues constructifs et prévenir des situations injustes. Bien que la loi soit nationale, il peut exister des coutumes locales. Comprendre ces dynamiques peut aider à anticiper d'éventuels défis.

Pour ne pas être privée d'héritage, l'information, la communication et la connaissance de ses droits sont primordiales. N'hésitez pas à vous entourer de professionnels du droit si nécessaire.

Pour alléger la charge mentale et s'enrichir, il est essentiel de communiquer ses besoins, de partager les responsabilités, de prendre soin de soi et de continuer à apprendre et à se développer personnellement. L'héritage des femmes kabyles se heurte encore à des réticences.

Afin d'éviter qu'une personne extérieure n'intègre la famille d'origine, il est impératif que les générations actuelles et futures comprennent que le repli communautaire constitue une régression culturelle.